Report on Entrepreneurship and Innovation in Chinese Tourism Industry (2013)

中国旅游企业创新创业发展报告（2013）

秦宇 张德欣 李彬/主编

北京·旅游教育出版社

本书受2014年北京财政专项"其他项目——促进人才培养综合改革项目——酒店管理学院专业发展与教育教学改革创新试验区(391002/018)""国家旅游局2014年旅游企业经营管理创新研究：模式，机制及演进路径""教育部人文社科项目(13YJC630069)"资助。

《中国旅游企业创新创业发展报告（2013）》编委会

主　任：谷慧敏　张德欣
副主任：江新兴　厉新建　殷　敏
委　员：秦　宇　李　宏　王　俞　王　欣　崔　莉　唐承财
　　　　钟栎娜　吕　勤　张　超　王　瑾　李　彬　吴联仁
　　　　郭佳肃　孙　憬　温　婧

《中国旅游企业创新创业发展报告（2013）》参编者

丁　昕　郭　颂　江国冬　李　橙　李　响　马　姣
孙冬梅　童时萍　王雁楠　汪恒惊　王璐瑶　王　旭
杨青莲　展　敏　赵亚星　张　曼

序一

旅游与旅游业是全球产出规模最大的产业之一。根据世界旅游与旅行理事会（WTTC）的统计，2012年，全球旅游、旅行及受其带动行业的总产值为6.6万亿美元，占全球GDP的9.3%；提供的就业职位约2.6亿个，占全球就业量的8.7%；旅游贸易约为1.2万亿，占全球贸易额的5.4%；旅游投资额为7600亿美元，占全球投资额的4.7%。旅游与旅游业不仅带动了地方经济、出口和投资的增长，还通过人员的流动促进了各个社会间文化和思想的交流。2012年，仅国际间移动的旅游总人数就突破了10亿人次。

10年前，不要说出国旅游，就是国内旅游对于大多数中国人来说也还是一个新鲜事，但是到2012年，中国出境旅游的总花费就达1020亿美元，成为世界上第一个年花费超千亿美元的国家。这一年，有超过8000万中国人到境外旅行。旅游已经成为很多普通老百姓的一种生活方式。

中国旅游业的崛起是第二次世界大战结束、大众旅游发展以来，旅游业中最重大的事件，没有之一。作为人类历史上经济持续增速最快的国家，中国人口总量相当于2个欧洲、4个美国、10个日本。进入21世纪以来，这一巨型市场的财富和可自由收入在不断高速增长，与此同时市场中的消费结构和生产结构受技术和需求的影响发生着翻天覆地的变化。我们迎来了千载难逢的创业创新机遇。由于创新创业的大发展，旅游市场的各个细分市场中都正在出现新老交替的趋势。以携程、七天、去哪儿等为代表的一批创新企业依托互联网技术迅速成长起来，成为中国旅游产业中的一股新兴力量。更多的小微创业企业也蓄势待发。我们坚信，只要心怀理想、脚踏实地，中国旅游业的未来必然属于今天的创业者们。在这样一个历史机遇期，能够以"年度报告"和"论坛实录"的方式记录中国旅游企业创新创业的历程，是我们的骄傲，更是我们的责任。

我们愿意与旅游创业者们一路同行！

北京第二外国语学院副校长　朱佩芬　博士
2014年3月

序二

刚刚过去的马年春节有个网络热词"恐聚族",也称"恐回族",背景是纯粹的同学聚会已经异为比阔较劲、攀权附贵的秀场,单身者往往被亲情友情的好心逼得有家不敢回。我也是越来越想回老家而不愿回了,倒不是担心逼婚——早已经是为人夫、为人父的年纪了,只是不愿意看到旧时的同学、朋友依然还在那块土地上唱着旧时的歌谣,从他们的身上我仿佛看到如果自己没有走出来的生活轨迹。传统的乡土社会是以血缘和地缘联结起来的蜘蛛网,遇到挫折时会有太多的温情相助,让你倒不下去;可是当你仰望星空的时候,又会有太多的牵扯阻碍,让你想飞也飞不起来。读萧红的《呼兰河传》,每次读到小团圆媳妇本应花一样绽放的青春在婆婆和看客的好心摧残下,连个名字都没有留就被雨打风吹去了,都不禁泪下。现在的年轻人为什么漂也要漂在北上广,并不是他们的价值观扭曲,而是不愿意在家乡的蜘蛛网上过着安逸而平庸的生活。他们有青春、有才华、有理想,希望能够在大城市里不是靠父母的人脉,而是靠自己的知识、才情和努力去打拼一个属于自己的未来。年初在东北财经大学做过一次"看得见的未来"的学术演讲,总是固执地以为这些"不安分"的年轻人才是这个国家、这个社会、这个时代变革的希望,有了他们,我们才能够看得到未来。理论推演和生活阅历都告诉我,远距离的空间移动为社会学意义上的阶层流动提供了现实可能,所以每当与这些年轻的社会创业者在一起的时候,都会抑制不住地有致敬的冲动!

理想是创业的方向,可是仅有理想远远不够,我们需要以理性、责任和忍耐力向着理想一步步地靠近。年轻时和你们一样喜爱诗歌、摇滚,愤世嫉俗,直到有一天,"华灯初上的街道边/顾城和北岛碎了一地/我偷偷地去问摊主/多少行诗可以换一把烤羊肉串/也好/换你瞬时的笑颜",从那天起,我把诗歌封存了,努力读书、教书、写作、演讲,一步一步地改善自己,只为了让自己的家人和亲人可以过上更好的生活。这也是具体而微的"中国梦"吧,也正是如此众多的"小确幸"——小而确切的幸福,将聚而成宏大的时代叙事。可是天下还有千千万万的父亲母亲和兄弟姐妹啊,他们同样需要过上富足而有尊严的生活。如何让国民财富像"经营之神"松下幸之助先生所说的那样"自来水一样取之不竭、用之不尽"呢?我看最有效的路径无非两条:用商业的力量把社会上既存的土地、资本、技术和人力等资源,没有利用的把它们利用起来，没有充分利用的把它们更有效率地利用起来；没有资源呢，就去创造新的资源，就是市场也是可以重新发现的。我想也正是在这个意义上，经济学家熊特把创新界定为"创造性的破坏"，而创新则是创业的题中之义，或者说是核心内容。

创业是市场的产物，或者说是以市场机制为前提的。改革开放后的第一代创业者主要是通过政策套利和本能的商业潜力完成自己的原始资本积累的，代表人物包括海盐衬衫总厂的步鑫生、长虹的倪润峰等体制内的企业家，走在体制边缘的联想的柳传志，以及胡润排行榜上的那些民营企业家，开元旅业集团的陈妙林先生也是这个时期起步的。

第二代创业者多有海外留学的背景，他们的成功更多得益于邓小平南巡和中国加入世界贸易组织，国民经济高速增长所带来的市场机会。这个时期的创业者和企业家明显具备了自觉的商业能力，加上资本市场的推动，取得远比第一代创业者更大的商业成功。万达的王健林、富力地产的张力、"携程系"的梁建章、季琦、郑南雁可以被视为这一群体的代表。

第三代创业者的典型代表是以精通互联网和移动通信技术，对市场和商业高度敏感，并善于与风险投资者打交道的年轻人，比如去哪儿网的庄辰超，他的团队号称CFO都是写代码出身的，还有我近期关注的蚂蜂窝的陈罡先生、中信产业基金的胡腾鹤先生。当然也包括在座的各位，如我的学生温婧同学，还有"海阔天空客栈"的雍祥同学。

需要说明的是，以上的划分只是概略性的，并不意味着第一代、第二代就退出历史舞台，已经被拍在沙滩上了。千万别轻易地就说"某某已是大叔""某某已经'OUT'了"，像我所熟悉的开元的陈妙林先生、铂涛酒店集团的郑南雁先生等，他们创业的激情一点儿也不比年轻人小啊！

我希望创业者始终与国民大众的旅游休闲需求在一起。对于当前的旅游形势有两种看法：一是以高端酒店和传统旅行社为代表的悲观预期，认为中央的禁奢新政和旅游法让旅游业进入了"冰河期"；二是以互联网原住民为代表的旅游创业者和商业创新者为代表的乐观预期，认为"创业的春天来到了"。2013年底接受中国网专访的时候，我坚持了"相对乐观"的预期。这一预期有政策、经济、社会、技术等方方面面的原因，而国民大众持续增长的旅游需求则是最为根本的信心支撑。去年国内旅游市场的规模达到空前的33.5亿人次、2.6万亿人民币，还有9819万的出境旅游人次和1200亿美元的境外消费，同时我们还要看到600亿人次的旅行市场。小康社会的旅游梦想，国民大众对旅行过程中安全、效率和品质等消费权利的追求，让年轻的创业者拥有足以傲视全球的市场空间。与所谓的高端市场相比，为大众旅游服务可能需要我们付出更多的耐心与坚守，但是请相信，市场是诚实的，付出总会有回报。

我希望创业者始终与国际通行的商业规则和技术进步在一起。凭着一股热情跑到 VC 那里去说一个故事，就获得了大笔的投资，我看只有两种可能：要么是青春励志剧的幻想，要么是那个 VC 是自己的爹。事实上，创业是理想驱动的，更是商业理性支撑的。百度负责投资的高级副总裁告诉我，他每天都会接待数十位投资申请人。如果没有清晰的技术模式、完善的商业计划和可以依赖的创新团队，怎么可能获得风险投资和后继的 A、B、C 轮融资呢？IPO 以后，公司进入常态化的商业运营以后，自主研发与商业创新更是极其理性和充满风险的事情。上个周末，温婧她们在大书屋咖啡馆组织了第一次"袋鼠读书会"，讨论大数据在旅游领域中的商业应用主题，这就很好，谋定而后动！除了大数据，还有 3D 打印、北斗导航、材料科学、生命科学等，都需要我们时刻以专业和商业的视角加以关注。请记住：技术决定商业策略，而重大技术决定战略或者创业的方向。

我希望创业者始终与人文历史传统和现代化进程中的"中国梦"在一起。创业是激情与理想，是商业理性，更是一种生活方式。是生活，就会有起起伏伏，没有人可以保证创业一定会成功。经济学家奈特说商业活动具有"不可保险之风险"，其实也正是包括创业在内的商业活动的魅力之所在吧。问题是我们如何不因阶段性的成功而骄满，又如何不因暂时的失利而沮丧呢？五千年的人文历史是身心修养取之不竭的精神源泉，国家现代化的进程则给了我们一根现实的纽带，让创业与更大的群体、更伟大的事业联系在一起。没有这样的视野与情怀，像创业这样劳心费神的事情是无论如何也坚持不下去的。

最后，我希望自己能够永远与创业者在一起。现代社会是以分工和合作为基础的社会，尽管我心未老，也愿意与大家去商业实践中打拼，可还是觉得在学术研究和理论创新的道路上前行可能会更好地发挥作用。在过去的日子里，一直是业界给了我教书和创新的学术营养和现实支撑，让我能够有幸代言一个领域和国家。在今后的日子里，我更加希望能够与创业和创新者永远在一起，为你们鼓与呼，为你们守护精神的家园，也温暖彼此的一生！

中国旅游研究院院长　戴斌　教授
2014 年 3 月

序三

心有猛虎　细嗅蔷薇

很高兴这本实录的出版，忠实记录了当时的情景，感谢北京第二外国语学院酒店管理学院为此付出的努力。

我做这个旅游创业服务平台已经两年多了，不但为旅游创业者们服务，我本身也是在创业，与创业者一同成长，经常有朋友夸奖我做的事是功德无量，我说谬奖了，我只是想给大家提供一些帮助而已。同样的事情，对有些创业者帮助就大，对另外一些帮助就小，这因每家创业公司的情况不同而不同，我甚至不承诺会具体给创业者们带来多少好处，只是说有这样一个平台，给大家提供了很多机会和资源。"师傅领进门，修行在个人"。我无法包办他们的成长，只是让创业者们在路上走得更快一些，离成功更近一些而已。

作为一个所谓的"文青"和"愤青"，确实有一点小理想，想通过自己的努力，为行业和国家做点什么，减少旅游业里那些不好的东西，给游客提供更好的服务体验等。看上去很大，做起来很小，有人说我是"中国旅游创业服务第一人"，或许这只是我前进的一个目标或者阶段性的目标而已。我不太关注别人怎么评价我，更在乎自己如何从一点点小事做起，积少成多，最终帮助在线旅游创业者们去改变中国旅游业。

大家都知道创业艰难，其实叫艰辛更合适。绝大多数的创业者都需要筚路蓝缕，披荆斩棘，克服重重困难，也不一定能到达成功的彼岸。彼岸有花，摇曳招手，让创业者们欲罢不能，深陷其中，这花就是目标，就是理想。

而实现这理想，大家都在造船，有的是航空母舰，有的是游轮，有的是小船或者独木舟，还有只身游泳而来的。航母可能沉没，独木舟也可能最终抵达，这不但取决于你的装备，也取决于海上是否有风浪，是否有海兽，甚至取决于恒心和运气。

从来没有"感同身受"这一说，针不扎到你身上你永远不知道有多疼，创业之困苦，如人饮水，冷暖自知。创业者们放弃了早九晚五的规律生活，放弃了曾经的舒适与高薪,甚至放弃了与家人天伦之乐的时间进而承受着身体与精神的压力,误解与嘲弄,蔑视与背叛,他们到底为了什么?改善自己和家人的生活,这是最基本的目标。想实现社会价值与自我实现,这是必须的!还有什么原因?那就是让这世界更美好。

我们不是造物主,可能是造物主眼中的蝼蚁,三千大世界在时间急速流逝后完全看不到。相对宇宙永恒的生命,人类的时间连微尘都算不上。既然生命短暂,何不绽放光彩?正如有云"与其苟且偷生,不如纵情燃烧",因为"这世界绝不止眼前的苟且,还有诗和远方"。

有些事情不做也就不做了,有些事情现在不做以后就没机会做了。这或许是一部分创业者的心声。但创业并不适合每一个人,也不是每一个人创业都能成功,成功者毕竟是极少数,但我也认为创业的过程比结果更为重要。正好人的一生都在路上,出生是开始,死亡是结束,一切都是过程而非结果,但不断丰富和完善这个过程,就会有一个相对好的结果。

两年多来,看到有些创业项目被市场所认可,拿到投资甚至上市,也看到有些项目死在半路成了先烈。而其实现在看到的成功和失败,和商业模式、赛道、节奏、运气都有蛛丝马迹的联系,如蝴蝶振翅。而暂时失败的创业者中,我也看到有些人收拾行囊重新出发,继续为实现梦想,走在旅游创业的路上。

另外和大家分享下我们为什么用虎首作为协会的LOGO,以下文字系"宜客驿站"李崇昌的深度诠释:

虎为百兽之王,是正义、勇猛与威严的象征。创业者们心中都有一只猛虎,经历过多重折磨,仍能保持内心的锐气去点燃那不被磨灭的梦想,跳出生活窠臼,勇于挑战平凡的生活,这也正是创业团队虎虎生威的特质。

虎首为集体领袖,是创业团队的思想灵魂和行动领导,他(她)必须在创业中对整个团队的命运负责,为大家指引方向,坚定不移地披荆斩棘,势不可挡地冲杀出一条血路。

所以,虎首不正是我们创业团队的领袖——创业家的象征吗?

每个人内心都住着一只老虎,散发着原始的野性,它无时无刻不在咆哮,就仿佛我们的追求和梦想……

创业路漫漫,希望我们中国旅游创业家协会的成员们能"心有猛虎,细嗅蔷薇":关爱家人,他们是我们避风的港湾；相聚协会，这是我们旅游创业家自己的家园！

感谢宜客驿站李崇昌深度诠释会徽！

从旅游创业家协会这个公益NGO而言，目前为止已经举办了130多期各类活动，聚集了近2000家旅游业相关资源，举办了1场旅游创业高峰论坛，出版了2本旅游创业类书籍和1本旅游创新创业年度报告（2013年度），发起搭建了"旅游创新企业投资联盟"及"中国智慧旅游联盟"。最重要的是在2014年10月11日获得了第11届"中国旅游发展·北京对话"高峰论坛颁发的"中国旅游创新奖"。目前有一点小成绩，但我们为旅游创业者们做的显然还不够，我们还需要继续努力工作，提供更多务实深入的助力给大家。

本实录作为记录和还原历史片段的见证，能够为旅游创业者们提供一些启发和帮助。"他山之石，可以攻玉"，让我们了解和思考，并实践，让"创业照耀旅游的星空"！旅游创业者们，加油吧！

中国旅游创业家协会　创始人&会长　张德欣
2014年10月

目 录
CONTENTS

第一篇 2013年中国旅游企业创新创业年度报告

第一部分 中国旅游企业创新创业背景分析 ………………………………… 2
第二部分 中国旅游企业创业活动分析 ………………………………………… 14
第三部分 旅游企业创新创业活动开展的对策建议 …………………………… 27

第二篇 中国旅游企业优秀创业实践案例

一、八爪鱼在线：如何成为旅游业中的"阿里巴巴" …………………………… 34
二、冰点酒店控：为用户找到酒店产品"冰点" ………………………………… 38
三、蝉游记：旅行回忆画卷 ……………………………………………………… 41
四、今夜酒店：产品开发中的精益创业 ………………………………………… 44
五、驴妈妈：差异化的线下到线上战略 ………………………………………… 48
六、面包旅行：追求完美产品质量与用户体验 ………………………………… 51
七、穷游网：从草根中脱颖而出 ………………………………………………… 54
八、QQ旅游："一站式在线旅游服务"提供者 ………………………………… 57
九、全景客：行走在虚拟与现实之间 …………………………………………… 60
十、蚂蚁短租：打造用户体验的在线交易平台 ………………………………… 64
十一、蚂蜂窝旅游社区的构建：交互与分享 …………………………………… 67
十二、TouchChina：随身的旅行顾问 …………………………………………… 71
十三、世界邦：出境自助游一体化解决方案开拓者 …………………………… 75
十四、小红书：在红海中求生存 ………………………………………………… 80
十五、在路上：分享体验产品与跨界创业团队 ………………………………… 83
十六、中华户外网：引"线"织"网"之术 ……………………………………… 86

第三篇 "心怀天下 创业未来"首届中国旅游创业高峰论坛实录

一、领导致辞 …………………………………………………… 90
二、研究报告发布 ……………………………………………… 94
三、主题演讲 …………………………………………………… 98
四、圆桌对话 ……………………………………………………110

附　录 ……………………………………………………………155
一、中国旅游企业创业发展简史 ………………………………155
二、2013年国外旅游企业创业事件 ……………………………158
三、2013年国内旅游企业创业事件 ……………………………162
四、北京第二外国语学院酒店管理学院简介 …………………165
五、中国旅游创业家协会简介 …………………………………167

第一篇

2013年中国旅游企业创新创业年度报告

执笔人：秦宇　李彬　温婧

第一部分　中国旅游企业创新创业背景分析

> 电视绝不会成为收音机的真正竞争对手，因为人们需要坐下来并盯着屏幕，大部分美国家庭不会有时间这样做。
>
> ——1939年电视问世前夕《纽约时报》的报道

> 假如必须等待积累去使某些单个资本增长到能够修建铁路的程度，那么恐怕直到今天世界上还没有铁路；但是，通过股份公司转瞬之间就把这件事完成了。
>
> ——马克思《资本论》

一、创新创业在旅游经济增长中的作用

自从商业化的旅游活动开展以来，创新和创业就不断重塑着我们的旅游生活方式（参见表1-1）。

喷气式客机、汽车、团队旅游、全包价式度假产品等在我们的生活中显得稀松平常，但是，在这些创新及推广运用这些创新的企业出现之前，我们的旅行方式与今天相比有相当大的不同。例如，在喷气式飞机投入商业运行之前，一般旅游者的旅行范围很难跨越大洲；在假日公司推出低价、标准化的经济型饭店之前，普通家庭想为全家出游找一个令人放心且性价比高的住宿设施并不是一件容易的事情；在点评网站出现之前，我们只能凭借店内人多还是人少来确定一个从未进去过的餐馆是否靠谱。

本质上看，创新、创业活动通过三种形式，推动着旅游经济的增长。

表1-1 大众旅游活动开展以来的重大创新和创业

年份	事件	对人类旅游生活的影响
1950	地中海俱乐部第一个度假村开业	包价度假旅游开始成为欧洲大众旅游者的日常消费品
1952	英国海外航空公司（BOAC）推出第一个商业喷气式航班	喷气式飞机在飞行速度、舒适性、载客人数、航程等方面都远远优于螺旋桨式飞机，大大提升了旅游者的舒适度
1952	康芒斯·威尔逊创立假日酒店公司	假日酒店开创了经济型酒店的历史，标准化及特许经营成为推动假日酒店高速扩张的主要因素。假日后来创造了业内的诸多第一
1958	美国运通发行了第一张信用卡	旅游者在旅途中交易支付的安全性和方便性大大提高，刺激了更多的旅游消费。2011年，全球旅游服务贸易额首度突破1万亿美元
1964	美洲航空公司与IBM合作，推出第一个全球分销系统SABRE	该系统是首个应用于民用航空运输及整个旅游业的大型计算机信息服务系统，为各类销售机构与航空公司、酒店、租车公司等旅游供应商提供了链接，为旅游者提供快捷、可靠的预订服务
1981	美洲航空推行旅游业中的第一个常旅客计划	常旅客计划将顾客的消费额与其所能享受到的优惠与特殊服务挂钩，将顾客锁定。除了航空公司，常旅客计划在酒店业和餐饮业也得到了广泛运用
1984	假日饭店公司推出Hampton Inn	这是饭店业中第一个明确以有限服务（Limited Service）思路设计的饭店产品。16年后达到1000家规模
1989	Hampton Inn推出100% Satisfaction Guarantee	住宿业中第一家做出"不满意就退款"的公司，现在Ibis、Amerihost Inn、Travel Inn等饭店公司也做了同样的承诺
1995	假日饭店公司提供在线预订	酒店业中的预订和销售模式此后发生了巨大的变化，互联网成为了主要预订渠道
1996	Expedia.com成立	引领了之后各类型OTA的发展。目前，包括中国的携程在内的OTA已经跻身于世界上最大的旅游运营商的行列
1997	锦江之星成立	锦江之星和随后如家、汉庭、七天、格林豪泰等企业的发展，造就了全球饭店业中少见的创业企业集群共同高速增长的现象，并从此改善了数亿旅行者的旅游生活
2010	超级邮轮"海洋魅力号"首航	排水量超过22万吨的"海洋魅力号"成为全球最大的载客船只，邮轮度假被重新定义
2011	智能手机全球出货量首次超过PC出货量	标志着互联网发展主导力量的变化，移动互联及基于此的APP在旅游业中开始大量出现

资料来源：本文作者整理。

(一)产品创新:创造新的产品和服务

在竞争的作用下,旅游者求新求质量的要求不断被转化为现实的产品和服务。在旅行社业中,满足人们不同旅游需求——探险、度假、观光的线路不断被开发出来,这些线路涉及的旅游目的地也越来越多;电灯、电话、电视、电脑等新产品都是在进入寻常百姓家庭之前首先在酒店业中得到大规模应用;在景区景点产业中,以迪斯尼为代表的一批企业不断研发最新的游乐项目,带来前所未有的感官体验。无论是以何种形式存在,这一方面的创新往往意味着旅游者能够获得选择更多、质量更好的产品和服务。

(二)流程创新:创造了生产及销售产品的新方式

新的生产方式及新的销售方式,一方面能够降低生产成本,意味着能够向旅游者提供更低价格的产品及服务;另一方面,以前由于各种原因无法成为现实消费者的人群转变成为现实消费者。例如,廉价航空公司采用直飞航线、直销机票等方式,转变了原有航空运输产品的生产和销售模式,大大降低了航空旅行的成本并以低票价吸引乘客,使得以前无力承担高票价的旅游者也有能力乘飞机旅行。再如,当前各类酒店预订 APP 的开放,能够让酒店消费者随时随地地预订酒店房间,大大提高了方便程度。

(三)管理创新:创造了管理与运营旅游企业的新模式

这种类型的创新体现在企业组织和管理方式上,其作用在于改善了前两种创新的效率。例如,特许经营模式在酒店业、餐馆业和旅行社业中的广泛使用,使得更多更新的产品和服务能够以更快的速度传递到更大范围的消费者群中;基于信息技术的各类管理软件的应用,使得门店数以"千"甚至以"万"计量的巨型企业的管理不再困难;大规模顾客数据库的应用,也可以让我们更好地根据顾客的需要研发新产品和新服务。

上述三种形式的创新和创业活动不断促进着旅游服务产品的生产和销售,成为推动旅游经济增长的重要力量。正是由于这种推动作用,各种政府与非政府组织都非常重视鼓励和促进创新和创业活动的开展。联合国下设的世界旅游组织从 2006 年起专门设立了一个全球性的创新奖,用于奖励那些在创新方面做出重要成就的企业和机构(获奖名单参见表 1-2)。

表1-2 联合国尤利西斯企业创新奖历年获奖企业名单

年份	获奖企业和机构	获奖项目	所在大洲	母国
2006	Accor	—	Europe	France
2007	SEGITTUR	Promoter of E-commerce in the Tourism Industry	Europe	Spain
2008	Intelligent Leisure Solutions and Discover Travel Group	Intelligent Leisure Solutions and Discover Travel Group	Americas	Brazil
2009	JSC Gero Serviso Garantija, Restaurant Verkiai	Culinary Heritage Exchange for Tourism Development	Europe	Lithuania
2010	Riu Hotels & Resorts	Club Hotel Riu Karamboa-Tourism Development of a New Destination	Africa	CapeVerde
2010	Modul University Vienna	Tour MIS-A Marketing Information System for the Tourism Industry	Europe	Austria
2010	Catalan Association of Travel Agencies	Legal ACAV	Europe	Spain
2011	TCI Research	The TravelSat Competitive Index	Europe	Belgium
2011	Ingelia	Artemisa, a Model for Sustainable Tourism	Europe	Spain
2011	OHL Desarrollos	Mayakoba Tourism Resort Mexico	Americas	Mexico
2011	Alghat Cooperative Association	Cultural Villages Development Project	Middle East	Saudi Arabia
2012	Experiencias Xcaret	Conservation of the natural and cultural heritage of Quintana Roo	Americas	Mexico
2012	Loisium Hotel	Wine World and Wine & Spa Resorts	Europe	Austria
2012	University of Aruba	Chanita Ta di Festa	Americas	Aruba
2012	Melià Hotels International	Calvià Beach Resorts	Europe	Spain

资料来源：本文作者整理。

二、推动中国旅游业创新和创业的因素

进入21世纪以来,中国旅游产业中推动创新和创业的三大因素——需求、技术和市场竞争——不约而同地出现了重大转变,融合成一股洪流,推动着产业中创新和创业的发展。

(一)需求转变

出于为国家经济建设创造外汇收入的首要考虑,改革开放后很长一段时间,中国旅游业走的是"入境优先"的道路。在当时接待设施奇缺的情况下,一切设施以接待外国游客为主要任务。我国的旅行社业、酒店业都是以接待国外团队观光旅游者起步的。它们提供的产品和服务基于外国游客的需要设计,并不需要、也没有必要考虑中国游客的需求。

20世纪90年代后期,国内旅游开始得到政府的鼓励并因此获得了发展的机会。加上人民群众可自由支配的时间和收入的增加,国内旅游迅速发展起来,并成为旅游业中的主流顾客群。从图1-1中我们可以看出,在1998年、1999年,国内游客在四、五星级饭店顾客中所占并比例大约在30%和50%。在之后的十年中这个数字不断上升,到2009年,分别占到了70%和85%(图1-1中数据表示四、五星级饭店接待的国际游客的比重,可以看出,国际游客比重在下降,相应地,国内游客比重在增加)。

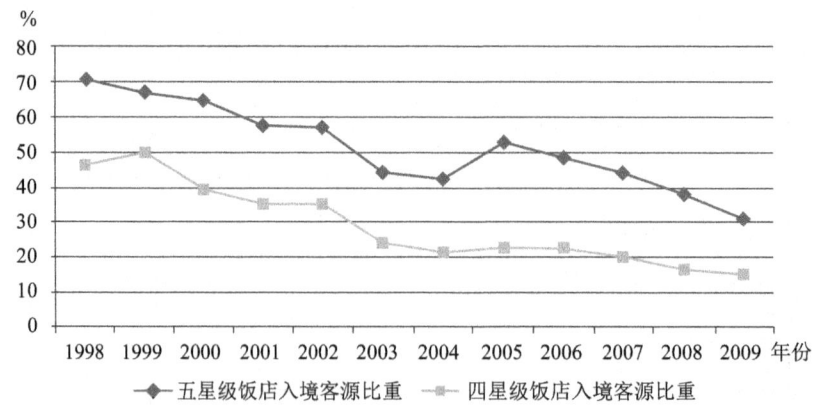

图1-1 1998—2009年四、五星级饭店国际游客比重

资料来源:各年度《中国旅游统计年鉴》(副本)。从1998年开始,按照星级统计该项指标;从2010年开始,统计年鉴中不再统计这一数据。

我国从1994年开始统计国内旅游收入。从图1-2中可以看出，当年国际旅游收入占中国旅游总收入的比重还在38%，但是这一数字在之后不断下降，2006年后下降速度显著加快。到2012年，国际旅游收入只占到我国旅游总收入的12%，其余收入都是国内旅游者创造的。

国内游客不仅成为中国旅游业的主体消费者，还成为了世界旅游业中的一支重要力量。2012年，中国人的出境旅游支出超过1020亿美元，一举超越长期稳居世界前两位的德国和美国，位居第一。中国也成为第一个出境旅游花费超过千亿美元的国家。

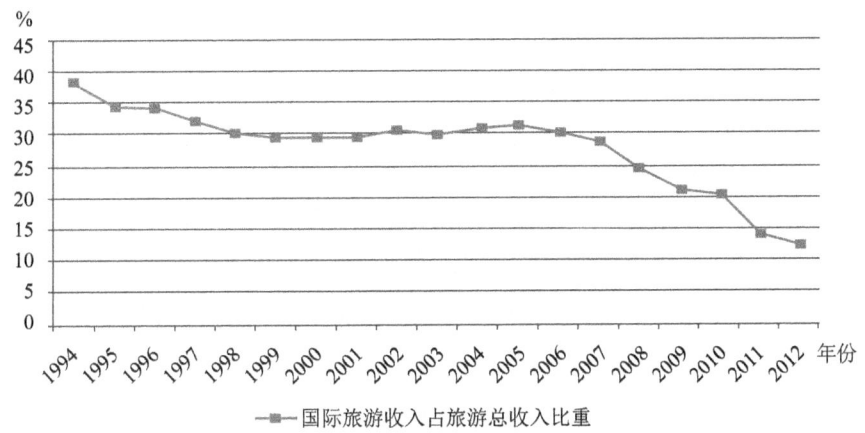

图1-2 国际旅游收入变化

资料来源：各年度《中国旅游统计年鉴》（副本）。从1994年开始，统计年鉴中开始统计国内旅游总收入。

中国人变成旅游需求的主体，是促进创新创业大规模涌现的最主要力量。细数国内增长较快的这些旅游类创业企业，哪一个不是以国内旅游者为目标市场呢？

今后，随着我国社会消费习惯、可支配收入和人口特征的变化，旅游者将会更多追求品质、方便、速度、新奇等产品和服务元素，同时希望以合理的价格享受这些产品和服务。为了满足这些需求，更多的创新、创业还会涌现，并有可能在世界范围内产生影响。

（二）技术变革

世纪之交，计算机与信息及通信技术（ICT）、尤其是互联网技术渗入了中国人生活的方方面面。在2000年的时候，上网的中国人的数量不过数百万，到2012年，这一数字已增加到5.64亿，中国互联网渗透率达到42%（参见图1-3）。

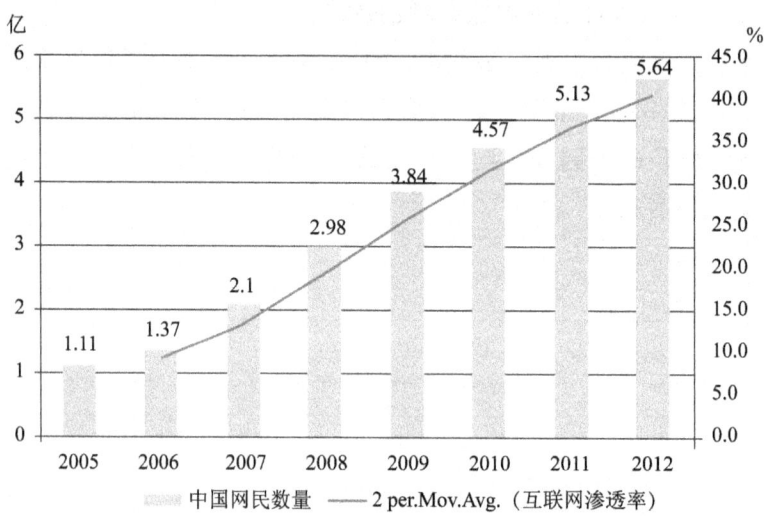

图1-3 2005—2012年中国网民数量和互联网渗透率

资料来源：CNNIC。

信息及通信技术的发展为旅游业的生产、运营和分销技术带来了变革，旅游业中各个子行业的各个管理层面都受到了巨大的影响。在饭店业，依靠前台员工人工操作的"房况控制表"已经被PMS取代，以前需要人工填写、检索的顾客信息现在可以方便地通过CRM数据库调用，饭店企业的生产效率因此有了很大的提升。在主题公园等景区中，用于实时管理游客排队、提高游玩效率的信息系统已经给游客带来了方便。在旅行社业中，信息及通信技术对竞争的影响是颠覆性的。欧美等发达国家因此出现了旅游代理商大量倒闭的现象。

除了运营之外，旅游企业的内部职能管理，例如财务管理、人力资源管理，也借助计算机和信息技术，速度、准确性和方便性都有了较大提升。技术变革还影响着旅游企业内部和企业之间的信息交流方式，并对企业组织结构和产业价值链变化产生重大影响。例如，在员工广泛分布于全国各地的大型连锁旅游企业中，通信技术的变革使得人力资源管理的政策可以方便地被基层员工获知；而旅游预订类网站与景区、饭店、餐馆等下游企业间的自动化订单处理系统，也大大减少了确认、复核等方面的工作量。

若没有信息技术的帮助,我国在世纪之交涌现出的一批大型创业企业如春秋航空、七天、如家、众信,不可能获得如此快的成长,更不用提携程、艺龙这些完全依赖信息技术运营的公司了。来自毕马威的预测表明,2020年,中国电子商务市场的交易额将超过美国、英国、日本、德国和法国这五个最大经济体的电子商务交易总额。我们预计,随着无线互联基础设施和技术的进一步发展,这一领域中的消费增长会给我们的创新创业带来超乎想象的巨大机会。

(三) 自由竞争

在邓小平等中央领导同志的倡导下,旅游业成为我国最早对外开放的行业。例如,我国最早的一批中外合资企业、中外合作企业中,就不乏建国饭店、长城饭店、白天鹅宾馆等旅游企业的名字。受到对外开放程度高的影响,旅游产业中的市场化水平也比较高。2002年,我国加入了世界贸易组织,推动经济运行的市场化程度迈上了更高的水平。从图1-4中可以看出,2001年,我国星级饭店中国有饭店的比重还在60%左右;到了2012年,国有饭店在星级饭店中的比重只占25%。在旅行社业中,除了中国国际旅行社总社、中国旅行社和中国青年旅行社等少数企业外,国有控股旅行社企业已不多见。新兴的创新创业旅游企业中,民营企业已经成为主导力量。

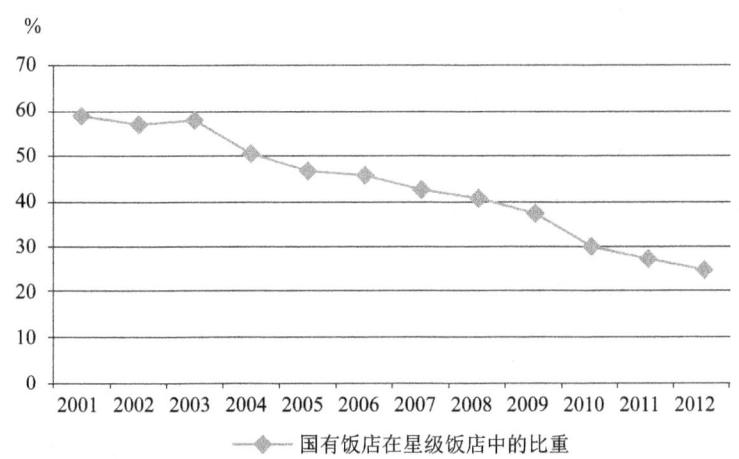

图1-4 星级饭店国有化比重

资料来源:各年度《中国旅游统计年鉴》(副本)。

近年来,国家陆续出台了鼓励市场化竞争的旅游促进政策。在国务院办公厅印发《贯彻落实国务院关于加快发展旅游业意见重点工作分工方案》的通知中，提出"鼓励社会资本公平参与旅游业发展""拓宽旅游企业融资渠道""积极鼓励符合条件的旅游企业在中小企业板和创业板上市融资"。在《关于金融支持旅游业加快发展的若干意见》中，国家提出"放宽旅游市场准入，打破行业、地区壁垒，简化审批手续，为社会资本参与旅游业发展营造公平竞争的市场环境"。2011年，相关部门颁布了《关于鼓励和引导民间资本投资旅游业的实施意见》，鼓励民间资本依法采取多种形式合理开发、可持续利用各种物质和非物质资源。

旅游业中自由化竞争的趋势与世界经济中的全球化与管制解除的大潮流暗合，为未来我国创新创业的旅游企业走出国门，在更大的舞台上竞争创造了良好的条件。

三、创新和创业企业对旅游业的示范意义

新老交替是自然界和人类社会的共同规律。受前一节中所述因素的促进，我们看到，进入21世纪以来，许多以传统生产方式和产品模式运行的老企业正在被历史的车轮撵离出主流，许多产品和服务正在逼近产品生命周期的尽头，许多曾经在行业最前沿引领风向的弄潮儿正在吞下故步自封的苦果。

与此同时，世纪之交以来才创始的一批企业，正以横扫一切的势头，改变着中国旅游业的版图。我们认为，这些创新和创业企业对于整个中国旅游企业未来走向的引领，怎么强调都不为过。

我国旅游业的运营与管理知识积累受益于对外开放。饭店业和旅行社业通过与国外知名企业的合资合作，学习到了大量与服务及管理技术有关的知识，对提升本土旅游企业的管理水平起到了非常重要的作用。但是，由于围绕产品及销售的一系列核心环节掌握在跨国公司总部，合资合作企业只是一个服务终端，此类学习仅仅局限于企业的"管理"层面而非"经营"层面。在诸如产品研发、品牌管理、销售网络构建、跨地域扩张等重要的经营领域，本土企业并没有从境外合作者手中学习到真正的技术和经验，因此，当我们的国内旅游需求蓬勃兴起，不断刺激供给的时候，我们发现在接待入境旅游者时非常成功的很多在位大企业不能满足国内旅游者的需求，将市场机会拱手让给了新兴创业企业。这些新企业从零起步，通过发展中的实践（边干边学）去建立和积累一套基于对国内旅游者的服务的知识系统，并获得了成功。

我们认为，在目前新兴旅游企业的发展过程中，很多领域的实践已经清晰地体现出企业经营者正在建立和积累旅游企业经营的核心技术。这些核心技术，包括如何开发新产品、如何销售新产品，从20世纪70年代末期现代中国旅游业起步以来一直没有得到很好地培育，原因很简单，国内旅游崛起之前，以入境旅游接待为主要业务的饭店业、旅行社业和景区服务业既不需要研发、甚至也不需要花大力气销售。

由于初步建立并基本掌握了这些核心技术，我国旅游业中的创新创业公司在市场中取得了令人瞩目的成就。在今年的报告中，我们整理、分析了一些企业的最新做法。我们相信，总结并宣传这些核心技术及其做法，不仅对其他本土创新创业企业有着重要的意义，对于旅游产业中的传统企业也具有非常重要的示范意义。

四、旅游业的特征对创新和创业的影响

旅游业是一个综合性服务产业，由生产不同类型产品和服务的子行业构成。除少数特例外，旅游业的大部分子行业都具有劳动生产率提高较为缓慢、产业结构较为零散、生产技术难以专利化、相互依赖性强等特征，这些特征对旅游企业的创新和创业产生了较大的影响。以下，我们对这些影响及其启示进行简要的说明

（一）旅游业中的劳动生产率提高缓慢

旅游业属于传统服务业，满足的是人类的最终服务需求而且这些需求往往需要通过人力才能够完成。由于旅游行业中劳动力密集度高，诸如住宿业和餐饮业等旅游业核心部门的劳动生产率提升幅度，一直无法与制造业及商业服务业（银行、咨询等）相媲美。长期来看，由于劳动生产率难以提升，旅游产业在资本和劳动力等要素市场中处于不利的竞争地位，但是，信息技术出现后，旅游企业的生产流程不断得到优化，生产效率不断提高。

启示：有助于旅游行业中劳动生产率提升的创新创业活动会受到资本和劳动力市场的青睐，近几年来的事实已经证明了这一点。

（二）旅游业的零散本质

每一个旅游地都是由众多自然和人文吸引物构成。由于地理环境和历史因素的差异，这些自然和人文吸引物都不相同，从而，每一个旅游地都是独一无

二的。因此，旅游地之间的竞争，永远不可能是基于规模经济的。某个或某几个旅游地不可能垄断旅游市场。由于旅游资源在分布上的零散性，服务于旅游者的旅游企业也必须是零散的，而且，中小企业数量多，难以实现规模经济。"零散"的产业本质——看看我们的周围，都是小而分散的饭店、餐馆、旅行社和信息服务企业，这对旅游产业中的创新创业有重要影响。

启示：产业结构垄断且零散的特点，意味着旅游产业中将一直存在中小企业创新创业的机会和之后的生存空间。

（三）旅游产品的无形性和可标准化

作为一种服务产品，旅游产品的质量很难在购买之前被确定。而且，由于每一次参与生产的员工和顾客都不一样，旅游产品也很难标准化。最近十几年来，中国旅游企业大量学习、借鉴，采用了类似工业制造业的方式，将服务产品的生产流程分解并制定相应的标准，由此大大提高了产品和服务的标准化程度，降低了顾客购买到低质量产品和服务的风险。

启示：凡是有利于克服服务产品无形性，降低消费者购买前不确定性的创新，都会在市场中占有一席之地。

（四）旅游企业之间的相互依赖性

旅游者购买的是服务产品组合。这个组合由大量旅游供应商参与提供的单项服务产品组合而成，缺少一个或某个环节出现差错，都会极大影响到整体产品并继而影响到其他供应商。也就是说，旅游供应商之间的相互依赖性会较大地影响创新创业企业的成功几率。若某一项创新产品与其他与之相关的旅游企业的兼容性较差，该产品被旅游者接受的可能性会受到影响。

启示：推出创新创业产品和服务的时候必须考虑旅游企业之间相互依赖性。

（五）不可专利性

一般来说，旅游企业中的各种关于如何做事的"诀窍（know - how）"，如同工业企业中的生产技术，无法申请专利①。这些诀窍会随着员工的流动或企业间的其他信息交流而变成行业中的共享技能，因此会大大削弱旅游企业进行

---

① 这一方面的例外是：Priceline 的创始人之一 J. 沃克（J. Walker）于 1998 年申请了名为"demand collection system"的专利并获得美国专利局批准，期限为 20 年。Priceline 以侵权为由起诉过 Expedia、Facebook 等互联网公司。

创新的积极性。虽然"诀窍"难以申请专利,但是依托"诀窍"去实现的服务和产品却可以通过注册产品商标(TM)和服务商标(SM)的方式获得一定的保护。前者的例子如威斯汀的"天梦"系列床寝产品,注册服务商标的例子包括万豪的"万豪体验"系列服务。

启示:创新创业产品和服务可以通过注册商标的方式得到一定的法律保护,创新创业企业对商标的宣传越早越广,越有可能在消费者群中树立企业形象。

五、小结

早在19世纪,托马斯库克只是通过批量购买和标准化这两个我们至今仍然在运用的组团法宝,就开创了一个全新的市场和行业——旅游业。在任何经济活动中,如同熊彼特所言,创造性破坏——老的生产结构被破坏、新的生产结构被创造,是增长生生不息的源泉。国民旅游市场的崛起为中国旅游业带来了巨大的创新创业的机会。新一代消费者的成长,要求新的产品和服务、新的生产和分销方式,而这需要从业者培育新的技能。令人遗憾的是,在位企业中的官僚、恐惧和傲慢,窒息了创新创业的开展,也给新兴企业带来了机会。另一方面,由于我国巨大的人口规模,旅游业中任何一个小的细分市场都能凭借市场容量轻易实现规模经济,新企业因此拥有了成长壮大的空间。

旅游企业中还存在更多的创新创业机会。

我们对此拭目以待。

第二部分 中国旅游企业创业活动分析

一、中国旅游企业创业投融资分析

从我国整体创业投融资市场来看，2008年至2013年我国创投市场投资金额总体持续增加，但在2012年有较大波动。据Ezcapital数据库研究显示，2012年较2011年出现较大下降，而2013年有所恢复上升，超过1000亿元，但和2009年和2010年相比，仍没有恢复到该规模[①]。然而，在这样的投融资市场大环境下，我国的旅游创业投融资在2012年和2013年仍然取得了较好的结果。

（一）2006—2012年主要旅游创业企业投融资分析

由表1-3可以看出，第一，从融资的次数来看，两轮及以上的投资在不断增加，部分企业甚至得到了三到五轮的投资。第二，从投资的产品走向来看，以2012年为一条基本的分水岭，之前的投资走向更多集中在以旅游综合产品分销为主的旅行社、旅游OTA等，2012年之后集中在移动互联企业以及聚焦在某个单一细分产品领域的旅游企业，且大多为旅游电商类企业。第三，从投资主体的类型来看，多元化趋势更为明显，从传统的大型风投为主的单一化投资主体，向风投、创投、私募基金和其他投资企业等多元化投资主体转变。

---

① 资料来源：《2013年中国创业投资年度报告》，Ezcapital数据库。

表 1-3 2006—2012 年主要旅游企业创业投融资概况

被投企业	时间	投资方	金额
去哪儿	2006.8	金沙江	未披露
	2006.11	Mayfield	900 万美元
	2007.11	雷曼兄弟	1000 万美元
	—	纪源资本	1500 万美元
	2011.11	百度	3.06 亿美元
	2013	美国纳斯达克上市	未披露
同程	2008.4	未披露	214 万美元
	2012	腾讯	6000 万人民币
	2013.2	腾讯、博裕、元禾	5 亿人民币
佰程	2008.4	银瑞达创投、集富	1000 万美元
畅翔网	2008.6	通汇创投、清科	未披露
纵横天地	2009.1	华禾投资	未披露
途牛	2009.3	戈壁投资	300 万美元
	2010	DCM	未披露
	2011.4	红杉资本、乐天、DCM	5000 万美元
	2013.9	淡马锡投资公司、DCM	6000 万美元
驴妈妈	2009.9	花桥基金	数千万人民币
	2010.12	红杉资本	近 1 亿人民币
	2011.9	江南资本	近 4 亿人民币
青芒果	2013	凯旋创投	200 万美元
途家网	2011.8	光速、鼎晖、携程等	4 亿人民币
	2013.2	纪源、光速	未披露
面包旅行	2013.4	祥峰投资	数千万人民币
摇摇招车	2012.5	红杉资本	数百万人民币
	2013.3	未披露	数千万美元
在路上	2012.7	红点创业投资	数百万美元

续表

被投企业	时间	投资方	金额
青岛尚客优	2012.3	ACA投资	1600万美元
	2013	未披露	1.8亿人民币
小猪短租	2013.1	未披露	近千万美元
蚂蚁短租	2013.1	优点资本	近千万美元
酒店达人	2011.2	创新工场	未披露
快捷酒店管家	2011.6	红杉资本	500万美元
	—	经纬创投	1500万美元
今夜酒店特价	2011.9	君信资本	300万美元
	2014	被京东商城收购	未披露
米途	2012.9	艺龙	未披露
冰点酒店	2012.9	蓝驰	400万美元
	2013.7	红点创投、蓝驰创投	600万美元以上
初见	2012.7	未披露	近千万美元
蚂蜂窝	2011	今日资本	500万美元
	2013.4	启明投资	1500万美元
熊猫走天涯	2012.5	未披露	100万美元
新华旅行	2011	麦顿投资	2300万美元

资料整理自网上公开披露数据。

第四，从投资金额的趋势来看，旅游市场创投趋势和Ezcapital数据库显示的我国整体创投市场投资趋势类似。自2006年至2011年投资金额不断增加（除2009年受金融危机，创投金额略有下降外），至2011年达到顶峰，峰值接近4.72亿美元。而到了2012年创投金额骤降，接近9100万美元，反映出受世界经济波动影响，2012年旅游创投领域也发生了波动，但在2013年又开始复苏，不完全统计已超过6个亿。并且从表2-1可以看出，2012—2013年的投资重点集中在已有1轮以上投资的企业，如同程、途牛、驴妈妈、蚂蜂窝等。另外，投资旅游APP类企业数量增加，但单笔金额大多为几百万美元，总额还相对较少。

总之，旅游创业企业投融资情况显示，旅游业创投伴随我国整体创投市场的波动而波动，且波动的步调基本一致。2013年市场开始出现复苏，并出现快速增长，显示出了资本市场仍然对旅游创业的信心与对市场的良好预期。

（二）2013年投融资分析

从2013年全国创投投资总体情况来看，Ezcapital统计数据显示，2013年共披露中国创投市场投资事件较上年同比增加54.78%；而投资金额也有较大幅度的增长，获得披露的投资金额共计1227.95亿元，同比增长17.87%，但相较于投资非常活跃的2009年到2011年这段时期的数值仍有显著的差距。

根据劲旅网统计公开的数据显示，2013年国际国内资本市场对中国旅游企业仍然持续看好，表1-4显示了2013年主要旅游企业融资与并购案例汇总。可以看出，融资及并购比较活跃，多家旅游APP企业和旅游电商获得第二轮（及以上）投资。

表1-4 2013年我国主要旅游创业企业融资并购案例汇总

企业	融资/并购金额	融资/并购机构	时间
蚂蚁短租	近千万美元	优点资本、蓝驰创投、红杉资本	1月
小猪短租	近千万美元	未透露	1月
途家网	A、B两轮合计达4亿元人民币	纪源资本、光速创投、鼎晖投资、启明创投、宽带资本、携程网和homeAway	2月
青芒果旅行网	近千万美元	凯旋创投	2月
在路上	数百万美元	阿里巴巴	3月
摇摇招车	千万美元	红杉资本	3月
面包旅行	首轮约2000万元	祥峰投资	3月
	累计近千万美元	宽带资本	11月
去哪儿网	5700万美元	百度、高瓴资本、纪源资本	4月
今夜酒店特价	3000万元人民币	IDG基金	4月
神州租车	3亿美元	赫兹	4月
马蜂窝	1500万美元	启明创投、今日资本	4月
易到用车	超1500万美元	中国宽带产业基金处	4月
	6000万美元	携程、DCM	12月

续表

企业	融资/并购金额	融资/并购机构	时间
滴滴打车	1000万美元	腾讯	4月
	1亿美元	腾讯	12月
爱周游	数千万元人民币	雄越控股	5月
快捷酒店管家	未透露	携程	5月
快的打车	400万美元	阿里巴巴	6月
	1亿美元	阿里巴巴	11月
千夜旅游网	1000万元人民币	中关村兴业	6月
大黄蜂	数百万美元	晨兴创投	6月
	未透露	快的打车	11月
7天	1.2亿美元	何伯权、郑南雁、凯雷投资和红杉资本	7月
穷游网	近千万美金	阿里巴巴	7月
中国国旅	5.12亿元人民币	复星集团	7月
冰点酒店控	600万美元以上	红点创投、蓝驰创投	8月
途牛旅游网	约6000万美元	淡马锡投资公司、DCM公司	9月
湖北新航线国旅	未透露	万达	10月
北京环行五洲国旅	未透露	万达	10月
蝉游记	3500万人民币	携程	10月
世界邦旅行网	近6000万美元	天使投资、复星昆仲资本和China-Rock风险投资基金	10月
去哪儿	1.9亿美元	美国纳斯达克上市	11月
八爪鱼在线旅游	1.5亿元人民币	嘉御基金、软根中国资本	11月
游多多旅行网	2500万元人民币	戈壁投资	11月
中青旅	12亿元人民币	IDG	11月
江西亚细亚国旅	未透露	万达	11月
微驴儿	500万元人民币	戈壁绿洲计划	12月
一嗨租车	超1亿美元	携程	12月

资料来自：劲旅网2013年12月。

二、中国旅游创业企业特征分析

(一) 产品细分领域与商业模式

首先从产品细分领域和商业模式两个维度来分析旅游企业创业特征。"产品细分领域"维度是按照旅游业中,旅游者需求的六大产品要素"食住行游购娱"来划分的,其中关于"游"的产品分为"游一"和"游二"两类:游一主要针对旅游者在旅游过程中的增值服务,如旅行记录分享、旅游攻略和旅游社会互动等,游二主要针对旅游者在旅游景区的相关服务。"商业模式"维度是按照旅游企业和电子商务企业的盈利模式要素进行划分。图1-5表示通过这两个维度相结合来分析旅游创业企业特征。

1. 从产品细分领域分析

旅游六大要素"食住行游购娱"各方面几乎都出现了相应的旅游创业企业,但在图1-5中仅"食"这项没有专门的旅游企业开发专门的产品,尽管有些旅游攻略网站企业、各类旅游单项或综合产品中会包含"食"。

首先,关注游客"游"方面的产品最多,包括"游一"、"游二"、自助游、户外游、周边游等。其中,关注"游一"(游客出游的旅行记录分享、旅游攻略、旅游社区互动等方面)的企业较多,如面包旅行、蝉游记、蚂蜂窝、远方网等。"游二"方面,包括TouchChina、丸子地球等。其次,关注"综合类打包产品"的旅游创业企业较多,如驴妈妈、八爪鱼、QQ旅人等。关注"住"的产品的旅游企业居多,如今夜酒店特价,快捷管家、冰点酒店、松果网、蚂蚁短租等。关注"行""购""娱"等企业开始出现,如关注"行"的企业如滴滴打车等,关注"购"的企业如"小红书"等,关注"娱"的企业如"山水文化"等,但这三方面的企业总体上相对较少。最后,关注特色产品的企业开始出现,如全景客、出门问问等。

2. 从商业模式或盈利模式分析

首先,以佣金和广告/会员费两种模式居多[①]。其次,作为分销平台的提成模式也较多。另外,也出现了一些商业模式的创新,如八爪鱼在线的B2B模式、冰点酒店控的C2B模式、今夜酒店特价和爱旅行的last minute模式,来来

[①] 在B2C等其他模式中也存在佣金,这里为分析方便而单独列出。

会的"尾单特卖"模式等。需要关注的是，盈利模式不清晰的旅游企业也较多。这在一定程度上反映了部分旅游企业仍然处在创业的较低层次，未来的生存和发展仍然存在较大挑战。整体来看，旅游创业企业的盈利模式要么以传统的佣金广告或分销提成模式为主，要么还没有看清或找到有效的盈利模式。

3. 结合产品细分和商业模式两个维度综合分析

旅游创业企业扎堆现象仍然明显，如大多集中在"游"的产品这块，而其他要素则相对较少，在"食"方面更是少有企业问津。盈利模式则集中在以传统的佣金和广告模式为主的模式，但也出现了一些新的创新模式，但仍需要在今后几年通过市场来检验。

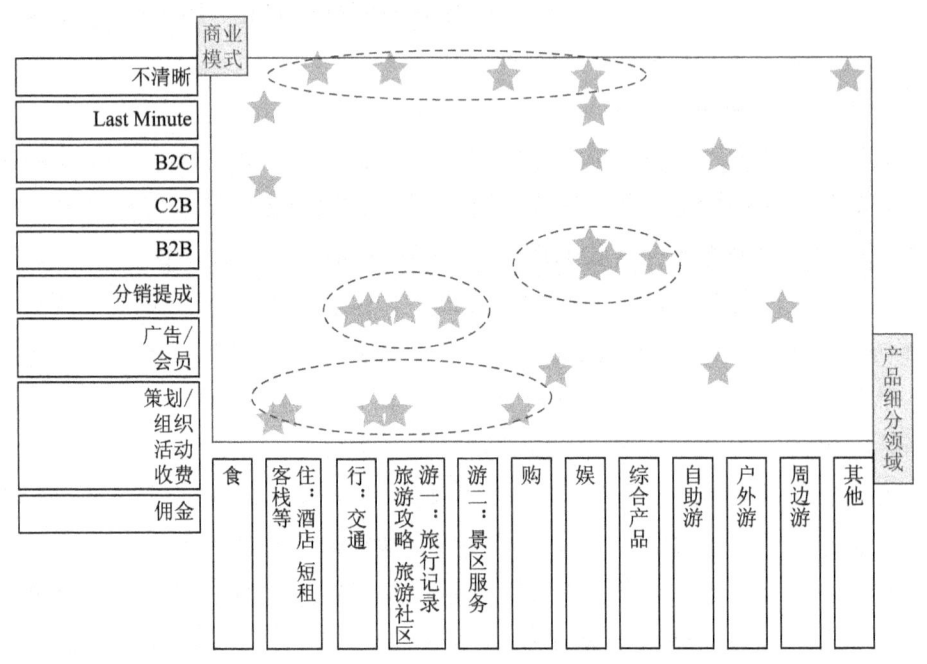

图1-5 "产品细分+商业模式"下旅游创业企业分布

注：★代表每一家旅游创业企业，图1-5、图1-6样本企业来自中国旅游创业家协会会员企业。

（二）初创时间

从旅游创业企业初始创立时间与产品细分领域进一步分析，见图1-6，可以看出，从2009年开始逐渐出现较多的旅游创业企业，特别是2012年出现的创业企业数量达到高峰值。进一步分析可以看出，如此多的创业企业大多为旅游APP企业，说明虽然2012年旅游创业投资总额在骤降，但资本仍然更加青睐 APP 类企业①。从产品细分来看，2012 年出现的企业集中在关注"游"这个产品细分领域的企业，如面包旅行、世界邦、滴滴打车、冰点酒店控、微驴儿、蝉游记等，进一步分析可知大多为 APP 类旅游企业，说明在移动互联大潮的影响下，旅游企业也出现同样的趋势，扎堆投资 APP 类企业。然而，到了 2013 年，在产品细分领域分布上开始出现分散的苗头，而不是完全都扎堆在"游"这一产品上，如在出境游购物领域出现的"小红书"、last minute 模式销售综合旅游产品的爱旅行、特卖网站来来会等。

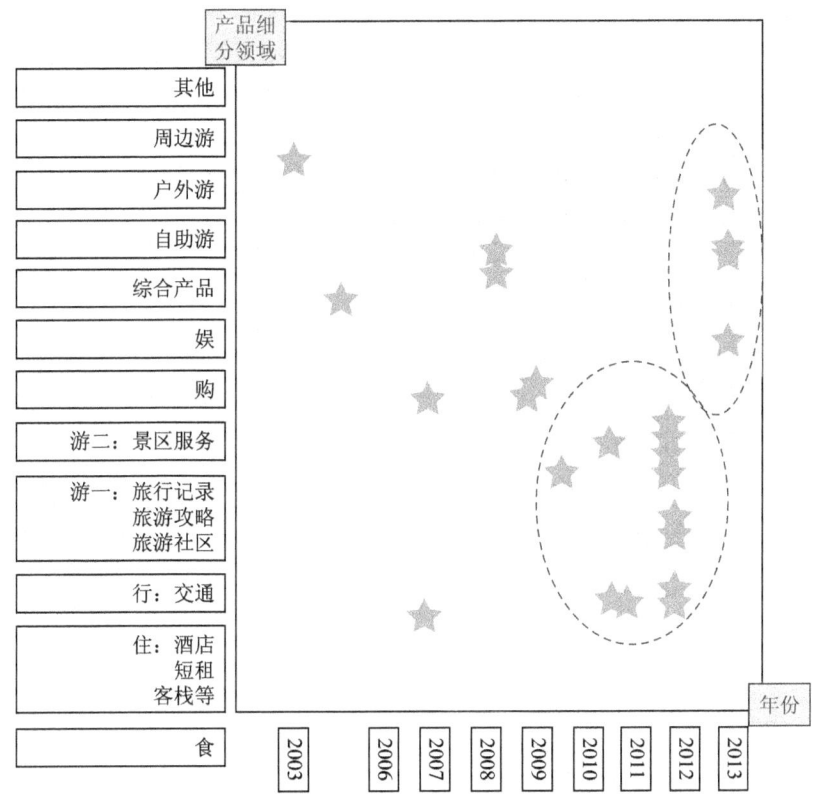

图1-6 "成立时间+产品细分"下旅游创业企业分布

注：★代表每一家旅游创业企业。

（三）产品创新

此处产品创新是指旅游企业的新产品正式推出上市，以及产品版本更新等，我们

---

① 尽管我们的样本选取存在偏差，但从其他相关资料也能反映出部分情况。

按照时间顺序从产品更新速度、更新内容和应用情况等方面总结了部分典型旅游创业企业的产品创新情况，数据资料均来自该企业官方网站对于产品情况的发布。

表1-5 部分典型旅游创业企业产品开发事件总结

企业	产品开发事件
在路上	2012年1月18日，在路上手机应用软件开放测试 2012年1月19日，在路上的PC端网站和APP同时上线，同步推出iOS和Android客户端 2013年5月26日，在路上4.0版发布，启动"旅型家"计划
松果网	2012年5月1日，松果网第二版上线 2012年6月1日，松果网正式推出手机应用客栈达人1.0版 2012年7月4日，客栈达人Android 1.1版上线 2012年7月12日，松果网签约旅店突破1万家 2012年7月12日，客栈达人windows phone 1.0版上线 2012年7月18日，客栈达人iPhone 1.0版上线
冰点酒店控	2012年3月22日，冰点酒店控1.01版登录苹果应用商店并连续6天占据旅行类和电商类应用排行榜首 2012年8月，"酒店控"Android版本发布 2012年9月29日，发布面向个人消费的C2B模式"酒店冰点价"iOS版，给用户提供中高端品牌酒店的最低冰点价 2012年10月，面向公务差旅用户的会员卡包模式的"酒店控2.0"推出，支持主流酒店的会员卡，用户可以绑定会员并以酒店会员身份订房 2013年9月13日，沿袭了"酒店控"会员模式的"卡住"APP上线 2013年11月5日，"酒店控企业版"上线，它通过整合更多低折扣的酒店资源来开拓中小企业的差旅市场 2014年1月23日，"酒店控"6.0.4上线
蝉游记	2012年5月，蝉游记开发启动 2012年8月，蝉游记网站公开版上线 2013年1月，蝉游记App iPhone正式版上线 2013年6月，蝉游记发布iPad版
TouchChina	2012年4月，多趣旅行上线 2012年9月，TouchChina景点通上线 2012年12月，冬日暖游上线 2013年1月，地铁通2.0上线 2013年7月，景点通2.0上线

续表

企业	产品开发事件
面包旅行	2012年1月，遨游记上线 2012年5月2日，面包旅行正式在新浪微博登录 2012年5月21日，推出面包旅行iPhone移动客户端 2012年7月31日，面包旅行iOS1.2版本上线 2012年9月12日，面包旅行1.4上线 2012年9月13日，面包旅行开通微信官方账号 2012年9月20日，面包旅行Android版本出炉 2012年9月29日，面包旅行网站首页改版 2012年10月18日，面包旅行iOS手机客户端1.5.2发布 2013年2月4日，面包旅行推出全新改版的2.0 2013年3月，面包旅行更新了安卓手机版2.1.0 2013年3月30日，面包旅行Android 2.1.1版本首发 2013年5月20日，面包旅行发布Android最新2.1.4版本 2013年7月18日，面包旅行2.3.0上架App Store 2013年8月，面包旅行推出2.4.0版本 2013年9月26日，面包旅行iPhone v3.0.0携手iPad版炫目登场 2013年12月11日，面包旅行iOS 3.1.2版上线 2014年1月，面包旅行新适配iOS 7风格，iPad用户新增个人页优化目的地搜索
驴妈妈旅游网	2008年6月，驴妈妈创立 2009年11月，驴妈妈景区票务直销网推出手机点评新功能 2010年6月18日，驴妈妈与上海欢乐谷全面合作，成为上海欢乐谷唯一指定网络分销商，面向散客市场，并在欢乐谷门口专设驴妈妈通道 2010年10月，驴妈妈正式入驻淘宝 2010年10月12日，驴妈妈与易宝支付正式签约 2011年7月，驴妈妈推出iPhone客户端 2011年8月1日，驴妈妈携手中国银行首创"旅管家"新模式 2011年8月，驴妈妈旅游网进军邮轮旅游市场 2012年4月25日，驴妈妈旅游网全新首页上线 2012年5月3日，驴妈妈车友会成立 2012年5月25日，驴妈妈旅游网进军高端商旅市场 2013年6月17日，驴妈妈上线iPhone和Android V3.0.0新版客户端

续表

企业	产品开发事件
驴妈妈旅游网	2013年8月08日,驴妈妈推出驴妈妈旅游V3.1手机新版客户端 2013年8月12日,驴妈妈推出覆盖全球航线的国际机票频道以及超过33万家的海外酒店频道 2013年10月12日,驴妈妈iPad版客户端发布 2013年11月08日,驴妈妈"度假酒店"上线 2013年11月21日,驴妈妈手机客户端4.0版全新上线
蚂蜂窝	2006年,建立简单的旅游社区,上线运营,形成蚂蜂窝雏形 2010年3月,对社区进行了改进,其中很重要的功能是加入相互关注关系、好友新鲜事和动态消息提醒 2010年8月,蚂蜂窝结盟人人网TT旅行,成为人人网"人人连接"的合作伙伴 2011年4月,推出首款移动APP旅行翻译官 2011年9月28日,"蚂蜂窝旅游攻略"iPad版上线 2012年推出两个重要产品,一个是"嗡嗡",另一个是"旅游点评" 2012年下半年开始做商业化的尝试 2013年5月,蚂蜂窝国内旅游目的地已全面嵌入搜搜街景地图 2013年7月,蚂蜂窝升级了"旅游攻略"APP、在"嗡嗡"推出一周年之际发布了"嗡嗡"4.0版本 2013年7月,"游记"客户端上线 2013年9月,三星Smart TV联合蚂蜂窝旅行网共同开发推出首款电视旅游APP——旅行家游记 2013年11月,蚂蜂窝在机票产品中新增加了直接预订功能
世界邦	2013年3月1日,世界邦1.0版正式上线 2013年5月24日,世界邦1.5版:结构化行程上线 2013年7月4日,世界邦1.8版:Travel Mall上线公测 2013年10月29日,世界邦"旅行小帮手"正式发布并完成千万美元A轮融资 2013年11月26日,世界邦宣布支持比特币支付,成为国内首家支持比特币支付的旅游网站

资料来源:各企业官方网站。

从表1-5中可以看出,产品创新的速度在加快,如面包旅行产品从1.0版本到2.0版本用了10个多月的时间,而从2.0到3.0则用了7个月时间。其他企业也有相类似的做法，这说明以技术为先导的旅游创业企业更加注重在产品质量和用户体验方面下工夫，致力于满足客户不断提升的质量要求。当然，在对这些企业的访谈中，我们也发现，旅游产品和技术方面的专利保护方面还有待加强，模仿甚至抄袭的现象时常发生，干扰了技术创新、产品创新的正常秩序，因此也在一定程度上阻碍了产品创新的速度和质量。

三、小结

通过上述分析可以看出，当前无论是旅游需求方不断出现的多样化和个性化需求，还是从资本方的活跃程度，以及旅游创业企业在数量、类型和创新等方面出现的新变化，都显示出整体上旅游创业领域正在经历前所未有的变革阶段。主要特征表现在：

（1）旅游创业企业在产品细分领域，商业模式、产品创新等方面，开始呈现了细分化、多元化的趋势，并且创新、时尚、精益创业、跨界整合、平台战略等已成为旅游创业企业发展中的主题词与关键词。

（2）旅游创业投资仍然受到资本市场的青睐，投融资总金额在增加，投资主体更加多元化。

（3）旅游创业者对旅游大环境与旅游企业的未来前景有较好的预期，创业的热情和激情在持续高涨。

不可否认，处于初创期的旅游企业在创业中还存在较多问题需要进一步关注。

（1）旅游创业企业同质化、跟风现象仍然存在。尽管一批以技术为先导、创新为动力的旅游创业企业不断出现，但整体来看，充满变革精神和个性气质的旅游创业企业在数量上还不多，特别是盲目跟风与技术崇拜、"无底线"的抄袭等固有思维与实践仍然存在于广大中小型创业企业的发展过程中。

（2）旅游创业企业创新层次还较初级，尚缺乏对旅游者需求的深度开发。尽管一批企业在创新方面已经取得了一些不错的实践经验，但大多还只是停留在对表层需求的创新，如产品的设计外观、使用的友好程度等。尽管这些"微创新"是必需的，但在"脚踏实地"的同时也要"仰望星空"，思考与挖掘用户需求和行为背后的深层需求，在需求的根本层面提出解决方案。例如有人提出在研究客户用手机 APP 购物时，为什么顾客在翻几页之后没有找到自己满意的商品就退出了？是不是用户用手机翻页搜寻商品会有个极限的页数？这个极限是多少？对本企业的产品创新有何意义？诸如此类，也需要旅游创业企业深度思考。

（3）旅游企业创业仍处于初期阶段，运营管理将是未来主要挑战。从企业生命周期来看，大部分旅游创业企业仍然处于初创的生存阶段，在创新产品、盈利模式、核心技术、创始团队等方面具有一定的优势，但由于还处于粗放管理阶段，在未来发展中将会遇到内部运营管理的挑战，包括高管团队的治理结构、团队建设、营销方案策划等方面。

第三部分 旅游企业创新创业活动开展的对策建议

创新创业是一种高风险的活动,失败的几率很高。在美国,一个成功的风险投资公司每投资100个项目,能够成功20个,已经是非常好的水平。这些风险投资公司在做出投资之前,都对拟投资的项目有非常全面的分析,但是仍然避免不了80%的失败率,说明创业活动之复杂。传统的创业教科书对创业的各个环节的各种职能,包括如何构建创业团队、如果获得投资、如何做营销,都有较多的说明,但是,从管理学角度进行探讨的还不多见。以下,我们根据中国市场的特点和旅游行业的特性提出若干政策性建议,供开展旅游创新与创业活动的企业参考。

一、顺势而为

小米科技创始人兼CEO雷军曾说:"站在台风口,一头猪都能飞起来,要找最有可能有台风口的地方,做一头会借力的猪。"那么,对于旅游创业企业来说,台风口在哪里?如何做到"会借力"?对于旅游企业来说,重要的"台风"就来自政策、需求与信息技术交织组成的外部环境。

(1) 从政策层面来看,国家已将"创业"上升到关系就业与民生的重要高度,将创业作为解决民生工作的重要工作,如党的十八大报告指出,要"促进创业带动就业,提升劳动者就业创业能力"。另外,《旅游法》《国民休闲纲要》等相关法规、政策文件的出台,也是对旅游创业领域持续发展在政策层面的重要保证。

(2) 从需求层面来看,需求是创业的来源与土壤,是创业者能否成长的关键所在。旅游者需求的多样化、个性化趋势,正在促使旅游创业企业走向产品细分化、模式多样化的道路,对需求的"痛点"的进一步挖掘、满足,甚至像苹果公司一样引领和创造,将会使得旅游企业创新创业在层次、模式、影响力方面都会有进一步的提升。

（3）从技术层面来看，来自以移动互联、物联网等新兴技术为代表的信息技术革命正在改变旅游创业领域的格局。自2011年开始，一大批关注APP、互联网的旅游电商企业开始大量涌现，尽管在未来发展中会受到诸如盈利模式、微信等"大佬们"的进入等一系列挑战，但可以看出，信息技术与旅游正在发生前所未有的大融合，信息技术正在对旅游创业企业的创新创业产生颠覆性影响。

可见，在政策、需求与技术几个层面的外部环境都存在着有利于旅游创业企业发展的"台风"，在这一"大势"下，顺势而为和借势造势，是旅游企业创业首要考虑的方面。

二、平台设计与治理结构创新

旅游企业创业与成长的未来方向何在？旅游创业企业中能否出现引领这一方向并成长为像腾讯、阿里巴巴一样的优秀企业？这些问题需要旅游创业企业中有远见卓识的创业家和企业家们在更高层面思考平台设计与治理结构创新问题。

国家主席习近平在讲话中曾指出，要完善"社会治理结构创新"。事实上，"社会治理结构"反映在旅游企业所处商业环境层面，正是广大旅游创业型企业所面对的商业生态系统。在这一大系统中，旅游创业企业要产生革命式变化就需要具有平台战略思维并对所在平台治理结构进行整合与优化。纵观IT企业发展史，企业的成长兴衰、竞争成败都与此相关。例如曾经盛极一时的明星企业太阳公司在与微软公司竞争时，就没有抓住将其Solaris进行开源平台化的机会而没有成为盟主，反而当时并不强大的微软依靠更加开放和多元的操作系统在这个生态圈中占据了重要位置。后来的苹果iOS与安卓、微博与微信等之间的PK，最终都是在"平台"方面的角逐。

具体到旅游电子商务企业，旅游产品的特殊属性决定了旅游生态圈的复杂性，也就决定了"平台治理创新"对于旅游企业来说具有天然的优势。对于具有以开放、平等、共享等互联网精神的新一代旅游创业家和企业家们，是否可以考虑创立旅游企业联盟平台？通过某种方式或技术，以开源、平等、互惠的方式打造这一平台，并与高校、行业协会、政府相关部门、其他相关行业企业建立多渠道、多方式的互动关系。从互联网企业发展历史与趋势来看，小企业即使技术再高精尖、产品再漂亮时尚、商业模式再完美，但没有平台思想，也早晚会抵不住"大佬们"进入行业后采用的"免费和开放"的平台策略。因此，尽管考虑平台设计和治理创新并不会对当前企业具体经营有直接的指导作用，但我们认为，具有远大理想和超前意识的企业家们可以在这一方面进行思考，谁找到了这个方向，谁可能就会走在整个行业的前列，脱颖而出。

三、颠覆性创新思维

旅游企业能否跨界进入到其他行业？旅游企业能否像微信、支付宝一样与银行、保险公司合作？旅游企业能否推出"舌尖上的旅行"产品？

旅游企业是否能够摆脱传统旅游企业思维定势的影响决定了旅游创业企业未来能否走出一条创新之路，因此，需要强化创业者的颠覆性创新思维的培养，使创业者在深入挖掘旅游者需求基础上具有创新性、颠覆性的"心智模式"。十几年前，著名管理大师彼得圣吉的《第五项修炼》就强调了心智模式的开发是企业能否成功进行管理变革的重要因素。新一代创业者只有对产品定位与设计、商业模式、营销方式等方面进行颠覆式思考，才会在激烈的市场竞争和动态能力外部环境下得以生存发展。从近几年管理咨询企业对许多企业团队进行的心智模式打造、创新思维训练等培训业务的不断增加就可初见端倪。

这里，"颠覆"即"颠倒、反向、逆向"之意，即要具有逆向思维、"叛逆"思维。在产品设计与商业模式方面，需要挑战传统价值观念、传统惯性思维，多问几个反向的"为什么"。例如，眼镜只是借助它从内向外看事物的工具吗？Google 的工程师们通过发明 Google Glass 产品告诉了我们，眼镜也可用来从外向内使用——"智能眼镜"也许会颠覆未来产品。煎饼一定只是路边摊的难登大雅之堂的食品吗？开在北京 CBD 的煎饼店黄太吉告诉了我们，煎饼店也可以成为白领们在星巴克和必胜客这些洋餐饮之外"高大上"的选择。

另外，还可以在营销方面考虑颠覆式思考，从产品的定位、营销的渠道与方式等来考虑。例如小米手机所创造的神话，就是在产品定位和营销推广两方面进行。聚焦在对手机的实用功能和高性价比较为敏感的人群，定位更加精准。营销推广方面，采用"低价位＋饥饿营销"的方式，一改之前苹果等手机高价位和饥饿营销方式。

四、基于科学试错法的快速决策

进入21世纪以来,企业的经营环境发生了重大的变化:消费者需求变动更加快速,新的生产和经营技术层出不穷,市场竞争越来越剧烈。一些管理学家提出管理学中关于竞争优势的一些传统观点——例如定位观和资源观,已经无法为在随时动态变化的环境中经营的企业带来竞争优势。市场瞬息万变,若决策不及时的话,企业犯错(不管是错在"没有做"还是"做错了")的可能性就会大大增强。对于一些大企业来说,由于有冗余的资源,错上一两次没有关系。然而,对于新兴的创业企业来说,一两次错误可能就意味着死亡,因此,决策速度决定了企业存亡。但是,我们并不赞同盲目、轻率地决策。若按照传统管理学观点的认识,先收集足够的情报、取得足够的支持与认同、做足够的咨询,然后再做决策,很有可能已经失去了机会。也就是说,传统的、基于稳妥出发的决策法不适用于创业企业的决策。

因此,我们需要的是基于试错法的快速决策。在新产品、新服务或新策略设计的阶段,在经过排除法选定了最后的2~3个备选方案后,没有必要再花大力气和时间去论证哪一个产品、哪一个服务更合适,而是应该直接采用试错法,在市场中小规模地试制产品或服务,探测市场的反应,然后再决定选择哪一个。

正如商业畅销书《精益创业》所言,精益创业之路的三个阶段:开始阶段开发最小可行产品;加速阶段不断科学试错,推出新产品,加速学习循环;稳定阶段刨根问底解决问题。其中,加速阶段中不断地科学试错是最重要的环节。把想法变为产品,投入最小的金钱和精力开发出体现核心价值的产品,当极简功能的产品得到用户认可后,创业者需要把控局势,在不断地反馈和循环中测试产品,快速做出调整和改变,迭代优化产品,挖掘用户需求,达到爆发式增长。新创企业必须在消耗完启动资金之前,以最小的成本、在最短时间里找到有价值的认知。在精益创业方面,旅游电商企业今夜酒店特价、面包旅行等已经在进行大胆尝试。

五、随时准备变化

中国市场的变化很快。从2000年到2013年,中国的人均GDP从不到1000

美元翻了近三番，超过 7000 美元，由此造成国内居民消费结构和消费水平的巨大变化。各行各业的市场结构和竞争态势也变化很快。此时，创业企业最大的考验就是必须不断挑战自己的应变能力。管理一个成熟的大企业与管理创业企业最大的不同就在于后者的内外部环境随时都在发生变化。对于一些拥有好的技术、创意、人脉或资本的创业者来说，很容易陷入早期的成功喜悦之中，忘记了自己的成功只是暂时的、还不稳固甚至是一些假象。例如，某创业公司开发出一个 APP 之后，在早期朋友圈子的测试中大获好评，然而在之后的大规模推广中却铩羽而归。原因就是该 APP 直接照搬发达国家的模式，在支付环节出现了问题。朋友圈子中绝大部分人群都有在线支付的习惯和经历，而其大部分潜在客源却连信用卡都没有。这家公司发现此问题后在很短时间内就调整了商业模式，以适应中国大众市场的特征。

能否具有随时变化的能力，与创业者个人能否具有开放的心智模式有直接关系。企业从小到大的创业过程实则就是前面提及的创业者不断调整心智模式（如何认识外界的竞争、如何认识创业伙伴和员工、如何认识自己）的过程。这一调整过程走不好，企业很难能够适应外界环境的快速变化。

第二篇

中国旅游企业
优秀创业实践案例

一、八爪鱼在线：如何成为旅游业中的"阿里巴巴"

（一）在线旅游企业的商业模式

日新月异的现代信息技术不断颠覆着人类传统的生活观念和生活方式。互联网、电脑和手机的普及，改变了人类获取信息的方式和消费行为模式。信息化的时代推动着旅游业的发展，旅游企业商业模式层出不穷，整个旅游产业正在经历着激烈的碰撞与交融。

在线旅游企业的商业模式主要是借助网络平台，整合多方面旅游信息，为游客提供旅游服务和信息流，为旅游供应商提供需求信息流，完成在线旅游业在价值产业链中的定位，最终为在线旅游业创造价值和带来收益。典型的在线旅游企业例如携程网，主要提供机票预订、酒店预订和旅游路线制定等服务项目，在为航空公司和各类酒店做在线旅游业务的过程中获取差价来盈利。

一般的电子商务平台主要有两种模式：其中一种是电子商务 B2C（Business to Customer）平台模式，携程、去哪儿所采用的商业模式实际上是属于电子商务 B2C 平台模式，企业通过这种模式同时面对供应商和游客；另外一种则是电子商务 B2B（Business to Business）平台模式，企业在这种模式下只面对不同类型的供应商企业，例如人们所熟知的阿里巴巴，而八爪鱼在线所采用的商业模式也正是这种。

（二）八爪鱼在线的旅游 B2B 平台

八爪鱼在线创始人兼 CEO 袁栋说："八爪鱼是行业内部平台，专注于 B2B 平台建设，永远不涉及终端直客市场。"这句话充分地显示出了八爪鱼致力于打造旅游行业"阿里巴巴"的坚定信念。

八爪鱼在线旅游发展公司成立于 2011 年 12 月，是一家为上游旅游产品供应商和下游旅行社提供旅游产品交易的 B2B 平台。八爪鱼在线 CEO 袁栋在 2001 年涉足旅游行业，当时袁栋作为旅游分销商，又是行业新进入者，手里的资源非常匮乏，这种工作方式让袁栋疲惫不已。于是，袁栋下决心做一个能够一劳永逸地解决这些后顾之忧的网站，这便是八爪鱼在线的雏形。

八爪鱼在线将旅游产业链上下游的服务商进行了整合，为上游产品供应商和下游旅行社提供了旅游产品交易的平台，让他们可以实时、低成本、高效快捷地进行旅游产品交易，这对于信息滞后的中小型企业来说绝对是个福音。这种在线平台类似于阿里巴巴，却又有别于阿里巴巴。八爪鱼在线是一个半开放式的平台，任何企业进入都必须填写注册信息，再通过一定的行业评判机制对其进行资料审核。凭借之前运营传统旅行社的经验，采购部门会综合考虑其市场占有率、产品销售量、优质产品的数量等，从而在源头上对产品进行一定程度的把控，最后通过不同展现方式进行展现。

五台山国旅负责人也表示说："在未使用八爪鱼系统之前，我们也有一定的供销商资源，但每个办事处都有一套系统，每个系统都是不同的账号，显得特别繁杂。现在只要登录八爪鱼系统，就可以实时获得众多的旅游产品信息，在交易上也更为方便、更加节约化。"

2013年11月10日，八爪鱼在线旅游发展有限公司从嘉御基金和软银中国资本获得了约1.5亿元人民币的融资，成为截至目前中国旅游B2B领域金额最高的一笔融资。嘉御基金创始合伙人兼董事长、阿里巴巴前CEO卫哲说道："我在这两年里看到最热的全部是直接面向消费者端的OTA，比如携程、艺龙、途牛、悠哉、驴妈妈等，但做上下游服务平台的很少，而像八爪鱼在线做得这么大和这么好的基本没有。"据卫哲介绍，目前八爪鱼在线在已经进入的苏州、无锡、南京和安徽市场，已经占据了80%以上的市场份额，而在苏州的市场几乎是100%。"所谓覆盖100%就是所有的门店只用一个终端，供应商也只有一个终端，都是八爪鱼在线，这两头都是100%，这是我在阿里巴巴时都无法想象得到的。"卫哲说。

截至2013年底，八爪鱼在线（图2-1）已拥有近千家旅游产品供应商、4000多家分销终端，八爪鱼在线所覆盖的区域，即苏州、无锡、南京、安徽等地，有八成以上的旅行社已将其作为日常工作平台；除了传统的旅行社和门店外，众多的在线旅游商也在使用该交易平台。为表现诚意，袁栋宣布，接下来将剥离现有的自营产品，完全退出直客市场。据悉，2013年八爪鱼在线自营业务的营收额达2.76亿元，占到八爪鱼在线年营收额的四成之多，此举无异自断其"腕"。

图 2-1 八爪鱼在线推广宣传图之一

从 2014 年开始,八爪鱼在线平台还将添加更多信息元素,如产品销售量、人气指数、商家点评、综合评分等,上下游企业可以根据自身需求进行信息筛选。另外,八爪鱼在线平台还将帮助旅游产品供应商管理收款,以解决坏账压力,并为中小企业提供资金支撑。2014 年八爪鱼在线有意进入上海市场,并以华东为基地,进入更多城市,目标是成为华东最大的无边界旅游交易平台,"当我们的上下游客户都有钱赚的时候,我们分享价值",袁栋说。

(三) 八爪鱼在线建立 B2B 平台的做法

1. 走差异化路线,建商务平台

一般而言,电子商务平台有两大类型,B2C 平台和 B2B 平台。就目前旅游市场而言,大部分在线旅游企业都是属于 B2C 平台。八爪鱼在线了解到中小旅行社资源信息不畅、交易成本高、急需一个资源交换平台的需求,看到了 B2B 平台在旅游市场中少人问津的现状,找准差异化定位,一举发力,获得成功。

2. 定位精准,专业化发展

八爪鱼在线从传统旅行社演变而来,直客市场是老业务。2013 年,直客市场营业额达到 2.76 亿元,占到八爪鱼在线年营业额四成之多。但是,当所有在线旅游企业纷纷抢夺客源市场时,八爪鱼在线 CEO 袁栋却执意要剥离现有的自营产品,表示完全退出直客市场,这更加体现了八爪鱼在线未来执着于做平台的专业化发展思路。

3. 步步为营，先强后大

八爪鱼在线在发展上采取了步步为营的战略。公司在苏州起步，对苏州市场形成了全覆盖；之后，以苏州为核心，向南京、无锡、安徽等地逐步渗透。目前，八爪鱼在线（图2-2）已拥有近千家旅游产品供应商、4000多家分销终端，所覆盖区域已经占据了80%以上的市场份额。这样的发展思路使其在已进入的市场中具有了垄断地位。下一步，八爪鱼在线将逐步扩大到上海市场，使其在华东的地位得到强化。

4. 优化平台，不断创新

针对旅游业中特殊的行业性质，八爪鱼在线对平台进行了改良，对企业的进入性作出了要求，并且需要进行审核。2014年，八爪鱼在线平台更是对其操作性进行优化，与新媒体营销手段结合，提高用户使用的便捷性。

图2-2　八爪鱼在线总部外景

（汪恒惊　整理）

二、冰点酒店控：为用户找到酒店产品"冰点"

（一）移动互联时代的各路酒店销售渠道

在移动互联网高速发展的今天，酒店销售渠道日益丰富，中央预定部门、全球分销系统、直接预订渠道、OTA、酒店品牌网站等各酒店销售渠道为争夺销售市场而斗得不可开交，构成了酒店业线上与线下、传统与新晋等各势力犬牙交错的复杂现状。

据数据显示，传统渠道目前仍然占据着酒店销售的半壁江山，但另一方面OTA则一路高歌猛进，势头强劲，且其带来的订单增长速度已经超过传统渠道。对大部分酒店来说，OTA是其获取互联网用户的重要渠道，然而，随着OTA销售订单的日益增长，酒店需要付给OTA的返佣也愈来愈多，以至从OTA渠道获得的收益低于从直营渠道获得的收益。在这种情况下，人们开始寻求一种比传统渠道和OTA更新更好的渠道。

酒店预订APP是伴随着智能手机的普及而迅速兴起的酒店移动营销方式，它不仅符合移动互联时代人们对于方便、快捷的追求，还以其菜单化、模块化的界面满足了消费者的个性需求。此外，酒店供过于求而产生的大量空房资源为APP提供了房源保障。在这种有利形势下，各路酒店预订APP纷纷试水。

（二）冰点酒店控：为用户找到酒店产品"冰点"

在各路酒店预订APP中，冰点酒店控无疑是其中的佼佼者。

2011年4月，冰点团队开始筹备酒店控APP的开发事宜，但却恰逢电商寒冬，融资环境恶化，无奈之余，开发团队只得先做线下旅行社——多途旅行社。传统旅行社通常依靠带进旅行团向酒店收取佣金，而多途旅行社为了支撑其APP直销业务，将这一资源置换为免房。

依托旅行社母体带来的免房资源，酒店控APP获得了巨大的成本优势。开发团队随后将免房资源注入反向定价C2B业务，用户可通过"酒店控"选择酒店的星级、地区及入住时间，并给出一个价格，30分钟内由酒店来回应，若酒店同意接受该价格，则预订成功，用户付款之后知道酒店名称和详细地址等信息，然后到店入住。然而，需要注意的是，用户付款后不能更改信息或退款，而且，如若用户出价过低以至没有酒店回应，则其预订失败。每位用户每天只能出价两次。

由于反向定价 C2B 业务在预订时给出的酒店条件模糊，与携程的"最惠国待遇"无直接冲突，酒店控成功地规避了携程"违反行业规则"的指责，且更加容易地获取了 OTA 合作酒店。此外，酒店控"安全地帮酒店把剩余的房间卖出去"而非一味低价贱卖的承诺保护了酒店的品牌和价格体系，因而赢得了供应商的支持。

自 2012 年 3 月 22 日"酒店控 1.01"登陆苹果应用商店始，冰点酒店控连续 6 天占据旅行类和电商类应用排行榜首。截止到上线 150 天，有 50 万次的下载、80 万次的更新。紧接着，企业先后于 2012 年 10 月和 2013 年 9 月推出了面向公务差旅用户的会员卡包模式的"酒店控 2.0"及沿袭了酒店控会员模式的"卡住"APP。其中"酒店控 2.0"能够支持主流酒店的会员卡，用户可以绑定会员并以酒店会员身份订房，而"卡住"APP 则是一个覆盖了高端星级酒店及快捷连锁酒店的轻平台，用户可通过会员卡绑定直观看到酒店会员专享待遇，从而导向酒店直销，使用户更好地利用会员卡。2013 年 11 月，"酒店控企业版"上线，它整合了更多低折扣的酒店资源以开拓中小企业的差旅市场，可帮助企业员工更方便自主的选择出差酒店，在降低企业采购成本的同时，提升员工使用的便捷度。

通过 C2B 冰点定价（参见图 2-3）和会员卡包，冰点酒店控为用户提供了"冰点"酒店产品。

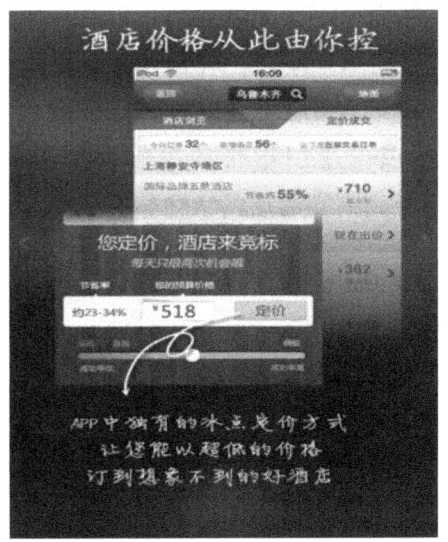

图 2-3 冰点酒店控网站首页

(三)冰点酒店控成功的法宝

1. 精准的市场定位

对大多高端酒店而言,传统销售渠道在客房销售中助力较小,而 OTA 则迫使其压低身价做一些基本没有利润的销售,因此高端酒店多选择以直销为主。然而,在酒店销售模式多元化的今天,直销这种销售模式已然处于边缘地位,无力支撑高端酒店的销售诉求,它们亟须一种新型销售模式。冰点酒店控正是敏锐地抓住了这一缺口,将自己打造成高端酒店商旅直销 APP,且针对高端消费者推出了会员卡业务以加强其消费黏性。精准的市场定位,使冰点酒店控在竞争激烈的酒店预订 APP 中迅速崛起并成功占领高端市场。

2. 以线下旅行社为依托的免房模式

冰点酒店控收入几乎都来自从酒店获取的剩房资源,通过母体公司——多途旅行社的会员模式向酒店预订客房,但却不收取交易佣金,而是将其置换为空房资源,然后以 C2B 的反向定价模式销售出去。"不要佣金要免房"带来的成本优势大大提升了 APP 的竞争力。

3. 变剩为财的反向定价业务

在大部分时间里,酒店客房并非满员。对于一家追求长期发展的酒店而言,只要剩余客房的边际收益大于边际成本,酒店都会选择降价销售,然而,如何"降价"也是一道难题。像超市打折处理即将过期的牛奶一样打折处理剩房在一段时期内或许可以帮助酒店销售更多空房,但却终究会对酒店的正常销售渠道造成冲击并打乱其价格体系,如此,酒店可谓得不偿失。

冰点酒店控的反向定价模式避免了这种可能的发生,酒店可在保证不损害原价销售渠道的条件下以低于门市价的报价销售其空房资源,变"剩"为"财",用户则以低价享受到高端酒店的入住体验。

(童时萍 整理)

三、蝉游记：旅行回忆画卷

（一）移动互联网与游记记录器

近年来，自助游的兴起，使得UGC与旅游网站所构成的"自助游攻略类旅游网站"逐渐被人们熟知。传统上，游客常借助旅行社查找旅游路线、最佳游览目的地以及当地美食等信息。同时，在以往旅游旅途中，记录旅行中的美景、美食，留下所感所想也是一件无法实现实时同步的事情。只有当脚步停留下来，花费时间精力才能达到回忆旅行的目的。

跟着别人旅行的脚步虽未能身临其境，但是对于视觉感觉的享受以及为此而无限遐想的心境也是一种体验与收获。在今天，借助互联网，打开手机应用APP或者网页，就可以轻松实现查找行程路线攻略以及旅行回忆整理工作。

对于喜欢旅游的人来说，查看精美游记、感受别人的旅行乐趣仅是开展旅行的第一步，记录旅行的美好、分享快乐更是值得动手去做的事情。

旅途中轻松制作游记，摆脱游记拖延症，将旅行中拍摄的图片上传稍加编辑即可完成一篇游记。记录美好旅行，浏览精美游记（参见图2-4），让手机应用与游客一起经历旅行的感动。当手机APP碰上旅游，火花才开始碰撞。

图2-4 记录美好旅行的手机图片及攻略界面

(二) 十分钟记录旅行

"那些一生只见一次的美景你怎么舍得遗忘"。蝉游记,幻灯片一样的界面,满载着每个用户拍下这个世界的不同视角。一款旅行游记产品,因旅行诞生,因旅途美好存在。

蝉游记是一款游记制作工具,2012年8月蝉游记网站公开版上线,2013年1月其APP正式版上线。产品由蝉游记网站和iOS应用两个部分组成,用户可以自由上传旅行图片、文字、音频和视频。蝉游记不仅提供流程引导与模版选择,帮助用户轻松制作游记。同时还支持旅行后的网站制作游记以及旅行中的APP实时制作游记。

在产品的表现形态上,蝉游记有不少可圈可点的地方,它通过高质量的全屏大图和横向的流式布局给用户带来完全不一样的旅行游记赏阅体验;而在创建游记的过程中,网站通过极简和半自动化的操作流程,让用户即便在整理的过程中也充满乐趣和惊喜。蝉游记给了用户一种全新的记录旅行的方式,"十分钟"创建一篇旅行游记是其口号,自动按拍照日期排序,照片为主、文字为辅,可视化的编辑方式,照片可通过拖动排版,自动标记地图,都降低了用户写一篇游记的时间成本并增加了游记展示的丰富性。

除此外,蝉游记拥有独特大图封面,进行横向丰富模版浏览,单张大图查看都是非常好的视觉体验;而其展示则按日期自然划分行程,将照片按景点分类,展示方式非常清晰。禅小队认为以图片为主的游记适合观赏和展示,更多的是引起用户的一种向往和对自己经历的一种"回忆",定位与"攻略"类的游记完全不同。

(三) 蝉游记的差异性特征

1. 定位精准

不同于其他游记类应用做社区广告和产品引流的方式,蝉游记定位于工具性应用而不是社区社交类应用,注重用户所产生的结构化数据而不是用户留存率和活跃度。可以说,蝉游记是通过捕获数据、分拆打捞数据、组织数据推荐给用户精准的旅行指南,而不止简单的是一个精美游记生成器。

2. 游记制作独特

蝉游记以图片主打(参见图2-5),鼓励用户上传原图,生成不同尺寸和输出高分辨率图片,同时考虑人们日常看书习惯以画卷式展开,给用户带来不一样的体验效果,这比文字攻略更为真实直观。

图 2-5　蝉游记网站界面之一

3. 行程安排器

蝉游记不只是一个旅行记录工具，更是一个行程计划安排工具。禅游记将旅行数据进行整理，使用户只需在一个地方就可以看到线路信息和最精准、最真实的评价数据，因此，用户无须四处翻看攻略即可查找信息安排行程。

4. 易于操作，注重用户体验

蝉游记 APP 使用方便，设计简洁，从处理新手引导到简化导航布局，禅游记充分从用户角度出发，去除全屏蒙层的引导，使干净清晰的操作界面更易接受，尽可能扫清新用户熟悉产品的障碍，引导用户理解产品价值。

（马姣　整理）

四、今夜酒店：产品开发中的精益创业

（一）精益创业的精髓所在

中国经济的飞速发展，开启了一个空前的创业兴盛时代，但无数创业公司都黯然收场，以失败告终。创业是在充满不确定性的情况下进行产品或服务创新。新创企业还不知道他们的产品应该是什么样的，他们的顾客在哪里，计划和预测只能基于长期、稳定的运营历史和相对静止的环境，而这些条件新创企业都不具备。有时候企业觉得生产的产品会非常受欢迎，所以花费巨大精力，在各种细小的问题上进行打磨，结果，产品推到市场后，消费者很残酷地表示他们不需要。如果企业的生意本身不被市场需要，那么企业失败来的越快越好，这意味着企业耗费更少的资金和精力在错误的事情上。

在确定的世界里，企业的目标是完成，原则是按时、按量和不超预算。可是在不确定的世界里（用户可能根本没这个需求，有这个需求也可能完全不接受企业提出的解决方案），完成的意义何在？大量的创业公司、创新项目，是死在东西没做完上？还是死于资源烧光，东改西改也还没找到靠谱方向？还是死于判断错误，东西做出来了也没人用？如何能在激烈的竞争中立于不败之地，取得创业成功呢？

精益创业是当今新创企业寻求成功的不二选择，因为，精益创业代表了一种不断形成创新的新方法，提倡企业进行"验证性学习"。其具体的运作路径为：首先，企业根据市场需求进行某方面的创业，先向市场推出极简的原型产品；然后在不断地试验和学习中，以最小的成本和有效的方式验证产品是否符合用户需求，灵活调整方向（参见图2-6）。如果产品不符合市场需求，最好能"快速地失败、廉价地失败"，而不要"昂贵地失败"；如果产品被用户认可也应该不断学习，挖掘用户需求，迭代优化产品。埃里克将这种精益创业提炼为一个反馈循环：想法—开发—测量—认知—新的想法。这一模式不仅针对车库创业派，对于全球最大企业内部的新创业务也同样适用。

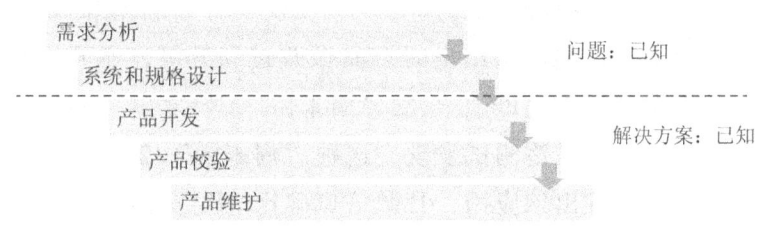

图 2-6 精益创业模式

(二)"今夜酒店特价"的精益创业之路

"今夜酒店特价"(以下简称"今夜")是如何实践精益创业这一理念的?它又是如何实践从"想法—开发—测量—认知,再到新的想法"这一过程的?

"特价销售酒店当天尾房"的点子并不新鲜,多年前酒店行业就有人提出过类似的想法,但是,2011年以前并未将其想法落到实处。原因很简单:当时条件不成熟。而现在,随着酒店信息化和酒店对于互联网营销的接受程度的不断提高,消费者也具备了实时获取信息的能力,消费者网络消费习惯日渐理性,"今夜酒店特价"看到了酒店晚上6点之后仍未入住产生的剩余"库存"这块商机,团队决定开发"今夜"这一应用,搭建一个尾房销售平台。

"今夜"的产品初步设计为:每晚6点,酒店会检查自己的空房数量,同时减去6点后到店的需求量,然后将剩余的库存放在"今夜"平台上,以平时2折到7折的价格进行售卖。比如,一家四星级酒店平时的房价是599元,到晚上发现空房太多,就会以200元/间的价格提供一定数量的房间给"今夜"。对于这一新模式,"今夜"CEO任鑫将其定位为"酒店业的奥特莱斯"。

平台已经搭建,"今夜"的团队开始摸索应该采用何种销售方式,在整个销售过程中,"今夜"采取一条和奥特莱斯(outlet)一样的路线,采用"限制性渠道+限制性商品"的形式销售产品:一方面,通过超低折扣价格吸引注重性价比的顾客,从而销售掉酒店的库存;另一方面,则用渠道(只能通过智能手机APP预订)、时间(只能在晚上6点以后预订)和商品(大部分酒店只能预订一晚)来增加限制,以区隔用户。通过这种"限制性渠道+限制性商品"的搭配,既保护了上游商家的正常销售,也让自己实现了利益最大化。

摸索出这种商业模式和盈利方式并不是一帆风顺的。起初,"今夜"也遇到来自携程的打压,但面对对手的打压,"今夜"开始利用媒体反击;同时,团队也从大公司不重视的小点出发对产品做改进和升级,避开同行的追击和打压。例如,团队成员在APP上开发"周末游",研发出各种产品来测试用户对各种产品的兴趣,最终测试发现,这种"周末游"在独立的APP上没有存货,并且微信早已推出该应用,且微信口碑比APP更强,所以"今夜"尝试推出"周末游"的计划破灭。

再如,"今夜"启动类似"今日钟点房"的功能,在"今夜"上传一个APP作为过滤器,把"今夜"里面没有钟点房的四五星级酒店删掉,只留下有钟点房的酒店,然后把所有的预订流程全部删掉,仅留预订按钮。"今夜"的判断是如果很多人点预订按钮,并且下载的话就说明这个"钟点房"需求是存在的。最后实验结果发现其市场空间不大,最终也打消了做该应用的念头。

"今夜"就是在不断摸索、不断试错中前进和成长的(参见图2-7)。

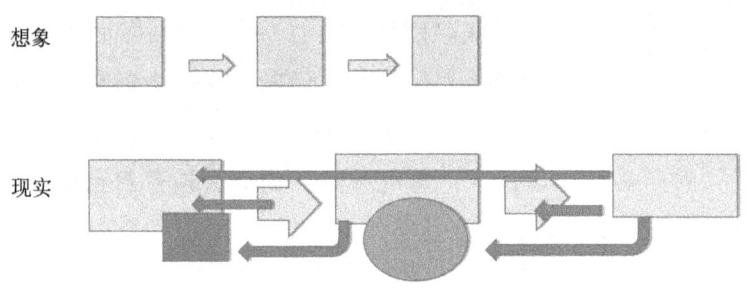

图2-7 小批量、高速迭代图示

(三)"今夜酒店特价"精益创业的成功经验

1. 不断科学试错,才能经验认知

在"今夜",创业成功得益于不断科学试错,比如"周末游""钟点房"应用的推出,通过市场调查最终放弃该想法。整个不断科学试错的过程是把想法变为产品,投入最小的金钱和精力开发出体现核心价值的产品,当极简功能的产品得到用户认可后,创业者需要把控局势,在不断的反馈和循环中测试产品,快速作出调整和改变,迭代优化产品,挖掘用户需求,达到爆发式增长。新创企业必须在消耗完启动资金之前,以最小的成本、在最短时间里找到有价值的认知。在"今夜",它用看板来强制学习沉淀(参见图2-8)。

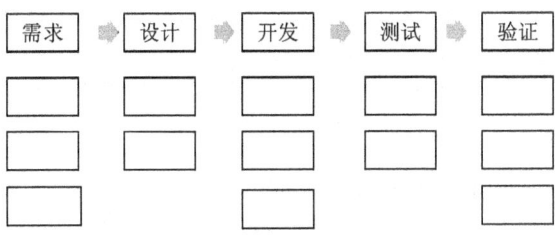

图 2-8 看板强调学习沉淀

2. 保持低调, 才能厚积薄发

创业初期,"今夜"遇到了同行的排挤,但是并未被打垮,一方面积极采用媒体手段进行还击,另一方面开发的产品尽量避开大集团的竞争点。"今夜"CEO 任鑫曾说:"创业就是在亚马孙雨林探险,重要的是找到方向,发现机会。"在自己弱小的时候,故意隐藏实力,尽可能不引发任何一方敌军的关注;在引发了关注之后,绕开主流市场而去占据相对低端的市场,并且采用和竞争对手商业模式冲突的定位来获取这个细分市场的支持。

只有当一个创新是破坏性的, 看起来没法更好满足原有市场(例如性价比反而下降了),这个机会才会被巨头们忽视掉(因为明显不靠谱),小公司才能在这个市场存活下来,为日后颠覆产业做准备。

3. 精益创业, 才能避免浪费

"今夜"的成功得益于"三步走"战略,开始阶段开发最小可行产品 MVP;加速阶段不断科学试错,推出新产品,加速学习循环;稳定阶段刨根问底解决问题。"今夜"先讨好容易的"零消费市场",站稳脚跟,再慢慢优化性能,扩展到别的市场去。其实,创业最大的东西是决定什么东西不做,而不是决定做什么东西,因为要做就相当于实验白做了,决定不做就相当于它的价值体现出来了。把浪费节省下来,才能有更大的力气实现创新。

(展敏 整理)

五、驴妈妈：差异化的线下到线上战略

（一）旅游电子商务与自助游的结合

早在20世纪90年代中后期，欧美诸多旅游发达国家就已经开始在景区的运营、服务和分销方面利用互联网平台，为游客提供更为便捷的体验，进而实现旅游产品上游供应商、游客和电子商务运营商的共赢。

世纪之交，旅游"散客潮"时代和中国电子商务时代双双来临，中国自助游群体占出游总人次比例已经超过50%，在全新的时代，景区和游客都对旅游电子商务平台提出了全新的需求。

在这个背景下，驴妈妈旅游网（以下简称驴妈妈）力图以景区票务分销和景区目的地营销为核心业务，打造一个颇具特色的大型旅游电子商务平台。2008年成立之初，驴妈妈（图2-9）就以自助游服务商定位市场，经过数年发展，形成了以打折门票、自由行、度假酒店为主体，同时兼顾跟团游、长途游、出境游、旅游团购等业务，为游客出行提供一站式旅游服务，最终成为以"自助游"为核心特色的综合型旅游网站。

图2-9 驴妈妈旅游网首页界面

（二）驴妈妈差异化的线下到线上战略

当各大旅游景点都争先在"旅"上做功课时，驴妈妈却选择定位在"游"上，这一个字的变化，改变了传统旅游市场的游戏规则。驴妈妈把"游"作为核心，也就是以景区为核心的一个产品组合，是 1 + N。1 是核心——景区，N 是配套产品，如周边酒店、娱乐产品、交通等，完全围绕自助游产品做特色化和定制服务。

针对"游"的问题，驴妈妈还制订了三个阶段计划来解决：先打造一个好的产品；再建立一个自助游的平台；第三阶段是搭建一个电子商务社区。

（1）在产品阶段，驴妈妈的盈利模式有点类似于携程，主要着眼于门票直销。景区一般给驴妈妈的折扣是 4~8 折，驴妈妈给客户的折扣通常是 6~9 折，之间的差价就是驴妈妈获取的佣金。与此同时，驴妈妈还通过与上游旅游产品供应商的战略合作，获得更加优惠的价格政策，这种优惠使得游客更愿意进入景区。

（2）在建立平台阶段，像武当山、峨眉山、张家界等一些客源丰富的景区，在成为驴妈妈的会员后，每年只需付给驴妈妈一定数额的会员费，就可以得到系列电子商务支持服务，景区的后台系统就交由其自行管理，驴妈妈只需直接输送客源。

（3）在搭建电子商务社区阶段，驴妈妈的最终目标是经过初期运营之后，实现从"中介型网站"向"服务型网站"的转型。驴妈妈努力把自己建设成为一个庞大的景区营销平台，吸引景区在驴妈妈网站上做精准营销推广，收取广告费用以及其他整个产业链延伸所带来的收入。

差异化的战略不仅推动了驴妈妈的快速发展，也帮助驴妈妈实现了两个突破：

第一，在旅游服务理念和运行模式方面，驴妈妈改变了以往"只有旅行社团队才能享受门票优惠"的传统，开创了"先付费，再出行"的预付费模式，让游客有计划出游；创立了中国景区票务电子商务领域成熟的标准化体系，借助技术手段实现网站与景区的即时化、数字化对接；周边自助游规模化服务等。第二，在业务模式方面，驴妈妈则采取了线下线上融合的方式，始终围绕游客和景区展开。驴妈妈的母公司景域国际旅游运营集团的 6 个业务板块中，驴妈妈给景区导入游客，奇创规划咨询给景区做规划设计，除此之外景域集团还向景区提供营销、运营管理、甚至投资等方面的业务。反过来，通过在线下和景区形成的良好关系，势必为线上提供更好的资源，从而可以以更加低廉的价格拿到更优质的资源。如此一来，驴妈妈产品的性价比就提高了，甚至还能为游客提供专项服务。

（三）驴妈妈差异化战略成功的几点做法

1. 注重品牌塑造倡导旅游品质优先

自 2008 年成立以来，驴妈妈旅游网就围绕游客、企业提供包括打折门票、自由行、跟团游、定制旅游等业务，以"像妈妈般关爱驴友"为宗旨，以"让旅游更快乐"为价值目标，针对各类市场人群，开发特色、贴心的"驴妈妈旅游品牌产品"，倡导"活出风景"的旅游生活方式。比如，驴妈妈旅游网针对家庭市场打造"童心童乐"品牌，针对跟团游市场打造"开心驴行"品牌，针对出境市场打造"环球旅游新概念"，等等。

2. 完善管理流程打造质量标准化体系

随着企业发展，驴妈妈旅游网逐步建立了一套完整的产品与服务的标准化体系，涉及产品采购、供应商管理、投诉处理、专业培训、客户服务、质量监督等一系列标准化流程制定与实施。2011 年 5 月，驴妈妈旅游网入选上海市质监局"2011 年度第一批旅游服务标准化试点"单位，是上海旅游电子商务行业唯一入选的企业，旅游服务标准化将有助于规范旅游市场。

3. 坚持自主创新保证企业竞争优势

在技术创新方面，驴妈妈旅游网率先在全国将二维码技术用于景区门票业务，成功实现电子门票预订、数字化通关等。在产品创新方面，驴妈妈旅游网所有产品都是为都市白领和其他一些追求旅行自由的互联网用户量身定做，不断开发新的旅游产品。在体验创新方面，驴妈妈旅游网打造了以"自助游"为核心的集预订、攻略、点评、公共服务、移动客户端、微博、社区、旅游服务等为一体的旅游电子商务社区，为游客出行体验提供一站式旅游服务。

4. 关注社会公益，融公益于旅游项目

作为企业应积极承担社会责任，驴妈妈旅游网在发展自身的同时也积极参与社会公益活动，将公司业务与公益事业相结合，通过慈善义卖、"多背一公斤"、低碳活动、公益旅游等多种形式，在旅游中做公益活动，帮助社会弱势群体。比如，组织驴妈妈爱心团定期活动，走访沪上养老院送爱心送温暖，发起的"情满大山——关注山区儿童"等旅游公益行动，将满满爱心献给贫困山区的小朋友等。

（江国冬　整理）

六、面包旅行：追求完美产品质量与用户体验

（一）APP 创业竞争激烈

随着移动智能的迅速发展，手机已替代 PC 成为大众最常用的终端，而移动终端的普及也使得作为第三方应用程序的 APP 风生水起。随着移动互联网的兴起，越来越多的互联网企业、电商平台将 APP 作为销售的主战场之一。由于手机移动终端的便捷为企业积累了更多的用户，一些提供优质用户体验的 APP 更使得用户的忠诚度、活跃度都得到了大幅度的提升，因此 APP 应用对企业的创收和未来的发展起到了至关重要的作用。

根据《2013 年第一季度中国互联网创业 & 融资分析报告》显示，延续 2012 年下半年的趋势，2013 年第一季度移动 APP 仍然是创业者创业的主要概念和热门方向，占到新增项目总数的 13.5%。目前，虽然市面上的 APP 应用百家齐放，但活跃的 APP 数量很少，手机应用产品存在严重的同质化现象。APP 创业扎堆已经成为现状（图 2-10），要在众多竞争者中脱颖而出，除了推广和营销，更重要的是完美的产品质量和方便、快捷的用户体验。

图 2-10　APP 创业扎堆，如何突破

（二）面包旅行追求完美的产品品质与用户体验

自 2012 年 1 月创建至今，面包旅行坚持创新，不断更迭、完善产品质量，

旨在为用户提供最优质的体验。创业之初之所以做面包旅行，是因为联合创始人彭韬在旅行的过程中发现了一些普遍存在，但并没有得到很好解决的问题，例如无法便捷地记录旅行历程并自动生成游记，不能快速、精准地找到真实的、实时的旅游资讯，不能基于现有游记定制旅游路线等。而面包旅行则希望以记录旅行线路为切入点来逐步解决这些问题，不断改善面包旅行的品质，做出完美的旅行产品，致力于通过移动互联网技术帮助人们更便捷地探索世界、发现精彩，享受个性化旅行的乐趣。同时在记录旅行的过程中，与全世界同样喜爱旅行的人们沟通交流，分享美好的体验和记忆，以行交友。

面包旅行服务于目的地旅游市场，重点是为休闲自助游客，在旅途过程中提供旅途轨迹记录，及基于轨迹的文字和照片分享。面包旅行支持离线模式，无须担心手机流量；可以将数码相机中的照片上传到有轨迹追踪的行程中，并通过匹配照片的拍摄时间，自动给照片加上位置标签；同时，可以自动将旅途足迹整理成精美游记，像电影一样在地图上动画回放，并可以同步至微博。

面包旅行针对安卓系统、苹果手机 iOS 系统和 iPad 等设计了不同的应用版本，并在近两年的时间内不断更新，针对 iOS 系统的面包旅行 APP 已升级至 3.1.2 版本，针对安卓系统的面包旅行 APP 已升级至 2.1.4 版本。面包旅行升级后的最新版本全面支持给旅程关联航班、景点、餐饮等信息；支持行程下载与离线浏览功能；新增滤镜功能；支持滑动手势切换。同时，面包旅行结合微信营销等多种方式，为用户提供便捷的服务。面包旅行的不断完善让旅途记录变得更加直观、快捷、简便，大大提升了用户体验的满意程度。

（三）面包旅行提供优质产品的经验

1. 找准定位

联合创始人彭韬提出小公司创业宜个性化忌标准化。他认为小创业公司要做到两点：第一要产品体验好；第二是要不要标准化，一旦标准化，比拼的就是流量、资源，这对小公司不利。但不标准化并不是说完全不能规模化，只是说加入社交化、个性化，让其有一些"门槛"，有一些用户的黏性。

2. 避开竞争锋芒

在旅游业当中，离现金流较近的领域，例如航班与酒店的预定，与地理位置结合的吃喝玩乐推荐这些领域，同质同类正面竞争的 APP 层出不穷。与具有先发优势和背景雄厚、有资源优势的企业相比，小团队和新来者很难有所突破。因此，面包旅行的创始人彭韬避开竞争锋芒，选择了同样与旅行有关，但竞争相对不那么激烈的旅行分享领域。小公司要想赢,只能打破规则,以奇制胜。

3. 集中精力雕琢产品

到目前为止,面包旅行团队一直将更多的精力放在雕琢产品上,很少做对外的市场推广,目前的用户量都是自然增长的结果。面包旅行坚信有了好的产品,用户自然会留下,而市场推广这些外在的营销手段只能留住用户一时。

4. 以满足用户需求为核心目标

面包旅行的每一次更新都是为了给用户提供更优质的产品和体验,创始人彭韬提到"我们希望用户提出的需求,我们都可以满足"。这正是面包旅行不断迭代的意义所在,满足用户的需求是面包旅行的核心目标(图2-11)。

图2-11 面包旅行的宣传页面

5. 保持持续的创新

在技术升级换代频率极高的APP领域,创新尤为重要。面包旅行创立两年以来,持续进行创新,不断改善产品品质,并打造全新的旅游产品,为用户提供优质的体验。面对国内同行产品激烈的竞争,创始人彭韬说道:"虽然自己的产品是国内目前把用户旅行资料整合的最好的一款,但分毫不敢放松创新的步伐,即便对手抄袭,自己也要做得更好。"

(王璐瑶 整理)

七、穷游网：从草根中脱颖而出

（一）互联网创业和出境游的发展

进入21世纪年以来，我国的互联网创业环境变得越来越自由和开放，对传统产业的支持与改造也越来越大，开创了一片新的互联网蓝海。无数中小创业者借助这样的趋势和潮流，在自身的梦想和兴趣的驱使下，纷纷投身到创业的热潮中。

与此同时，中国出境旅游开始进入大规模发展的阶段。2000年的时候，中国出境旅游者刚刚超过1000万，之后迅速增长，2009年以后的增长尤为快速。2009年到2012年，我国出境旅游的人数连续分别突破5000万、6000万、7000万和8000万4个大关。在刚刚过去的2013年，中国巩固了作为全球最大游客来源市场的地位，这既表现在出境游人次上，也表现在出境游花费上。同时，中国出境游的结构和游客行为继续发生深刻变化。中国出境游客越来越想要提高旅游质量，享受方便快捷的旅游服务。

互联网创业的大环境与出境旅游的迅速扩展的良好机遇相结合，为中小创业者提供了极大的机遇。

（二）穷游网的草根属性

穷游网站于2004年2月在德国汉堡上线，2006年改名穷游网。直到2011年，网站长期只是以论坛的单一产品形式存在。2012年起，陆续推出了目的地指南（穷游锦囊）、问答、穷游折扣以及行程助手等新产品，对用户需求进行频道细分。

穷游网和其他初创旅游企业最大的不同就是草根属性，穷游网不是一份商业计划书的产物，不是经过缜密调研和商业思考的产物，是自然生长的结果。其根深蒂固的草根精神表现在穷游网发展的各个阶段。

第一阶段属于无为时期，2004—2010年，缺乏明确的目标和计划，也未实现真正的公司化运作。创始成员也缺乏在传统大公司从业的经验，管理规范和人力组织上都需要专业人士的经验和能力来补充，中间也经过很多坎坷，走过不少弯路，但穷游的创业团队相对非常稳定，大家非常认同穷游网所做的事情和目标,一起努力前行。

第二阶段:2011—2013年,穷游网在不断地成长,由最初来自创始人的60万创业资金开始,已有过两次分别来自挚信资本和阿里巴巴的融资,但深入企业的"草根属性"使其坚守,穷游网接受投资的重要前提是保证自己独立的自主运营。

2013年以来属于第三阶段,穷游网开始制订更清晰更明确更有执行力的计划。判断到出境游高速增长的大趋势,穷游网顺势而为,背靠大量用户,确定自己的核心资源和核心能力来自于用户和内容,如此才能促进流量货币化。穷游网正一步步努力实现自己——帮助中国人以自己的视角去体验世界,实现理想(图2-12)。

图2-12 穷游网推广图(左)和穷游活动T恤

(三)穷游网的理念和经验

1. 坚持穷游精神:节约旅游,游则尽兴

精神是一个人,同时也是一个企业组织的灵魂。有精神存在,则可做到不断进取。"穷游"精神是一种"背上行囊,清爽上路,简朴行走,自由心灵,穷尽天下美景"的潇洒生活方式,共有两层含义:

(1)"节省费用",如何在享受自助旅游带来的欢心和自由的同时做到最大限度的省钱,一直是穷游的核心主题。

(2)"游遍",立志花最少的钱,最少的时间,靠自己的力量自助游遍整个世界。穷游产品和服务的设计,以此为出发点为用户提供最大的价值。

2. 将"解决用户痛点"作为研发新产品的原动力

以用户为中心,想其所想,解其所难。穷游网不断推出满足游客需求、方便其旅行的板块,如目的地、锦囊、社区、折扣、行程助手等板块,并提供预订住宿、交通、保险等旅行必备服务（图2-13）。

图2-13 穷游网首页界面

3. 海量的实用旅行信息，造就高质量庞大且忠诚的访问群体

穷游网目前已汇集了超过120余万篇最新、最及时的游记，以及攻略和旅行小贴士，还在迅猛增长中。这都为旅行者提供了极大的参考价值，一方面可以为自己的旅行安排做充分的准备，另一方面又可以同大家分享自己旅行的喜悦。这就造就了高质量庞大且忠诚的访问群体。目前，网站有近20万高端用户，其中95%为即将出行等待消费的高收入人群。高学历、高收入、18～35岁的用户比例超过90%，其中海外和中国大陆用户基本各占一半。近一年来中国大陆访问者剧增。

4. 一站式的旅游产品和增值服务

只要是与出境旅行相关的信息，包括签证、景点、交通、住宿、美食、购物、娱乐等，穷游网都一网打尽。为旅游者提供了极大的便利，增加了其黏性。

（孙冬梅　整理）

八、QQ旅游:"一站式在线旅游服务"提供者

(一)百家争鸣的在线旅游市场

以旅行社牵头的传统旅游已经不能满足年轻人的出行愿望,有活力、好奇、好学且自主的新型旅行者们要自己挑选线路、规划出行方案。大到选择线路和预订酒店,小到特色餐厅里的必点餐品,旅行者们利用互联网和掌上智能终端,自如把控自己的旅程。在此基础上应运而生的在线旅游成为众商家竞相掘金的宝地。

携程、艺龙成为中国在线旅游市场最早的掘金者,但以携程、艺龙为主力军的在线旅游市场现已进入百家争鸣的时代。在线旅游网站目前主要分为三类:一是直接进行销售的在线交易型网站;二是旅游垂直搜索引擎类网站;三是基于用户的旅游信息社区平台。其中第二类和第三类越来越呈现出相互渗透、包容的趋势。

旅行者出行需求的多元化注定了各大巨头不会一家通吃,艾瑞咨询分析师王亭亭说:"起初,各家在线旅游网站都会寻找一个最有利于发挥自身优势的'点'来切入,但是越往后发展,他们就会渐渐把脚伸到别人的领地去。最后就看谁能活下来。"

(二)QQ旅游的一站式旅游服务及特色

2010年腾讯推出QQ旅游平台,提供航班预订查询服务;2011年1月收购了同程网30%的股权;几个月后腾讯又以8440万美元成为上市公司艺龙的第二大股东,强势进入在线旅游预订市场;2011年10月QQ旅游收购旅人网。旅人网以互动旅游攻略为特色,是自助游爱好者的聚集地,这使QQ旅游开始带有浓浓的社区味道。要延续旅人网自助游的特色是必需的,因此QQ旅游中有"自助游"的旅游产品,既有国内外自助游套餐,亦可单订某项产品或任意搭配组合,QQ旅游使自助游变得更简便易行又不失本色。除此之外,还有传统的跟团游、预订机票和酒店、团购景点门票等产品。可以说,从全球多元化的旅游资讯、丰富的旅游线路推荐、实用的旅游攻略、活跃的旅游分享社区、贴心的旅游记录工具到旅游产品电子商城和定期的旅游策划及活动,QQ旅游

（图2-14）几乎集中了各大在线旅游网站能提供的所有服务。一站式的在线旅游服务，QQ旅游使用户从"我想去"到"我分享"，形成一条完整的个人决策、使用及分享路径，用户只需一个QQ旅游，就几乎可以解决旅程中的所有问题。

图2-14　QQ旅游标志

但是，如前文所述，各家在线旅游网站都会渐渐将业务触及其他领域，而且许多服务在其他在线旅游网站上做得都比QQ旅游更成熟、更好。除了一站式旅游服务提供给用户方便，QQ旅游更意识到要给用户提供实惠。基于腾讯品牌的巨大用户群和腾讯其他服务产品，腾讯将QQ购物引入QQ旅游，牢牢抓住旅游电子商务，实现旅游团购与QQ团购的完整对接。目前QQ旅游（图2-15）提供预订酒店的返利、机票现金卡折扣等让利服务，机票现金卡可在购票时直接抵扣机票价格，酒店返利可以在购买QQ团购商品时抵扣现金或兑换电影票和话费等礼品，腾讯将不同业务相联系和融合，实现了低成本、便捷的服务模式，同时也提升了用户的体验。

图2-15　QQ旅游专区首页界面

(三) QQ 旅游一站式服务的特点

1. 把握旅游趋势，与时俱进

QQ 旅游进入在线旅游市场时间较晚，在其他巨头已经开始分羹之时，腾讯作为互联网综合服务提供商，并不愿意放弃在线旅游市场。然而只停留在传统旅游预订领域必定不会有大作为，QQ 旅游认准未来的旅游趋势，收购旅人网，在大众跟团游的基础上，也加入了更有特色的小众自助游和旅游攻略、旅游社区，这使得 QQ 旅游的服务更加全面，能满足不同用户的需求，多类用户都可以完成一站式服务。

2. 强大的用户基础和产品覆盖面

腾讯是目前中国最大的互联网综合服务提供商之一，也是中国服务用户最多的互联网企业之一。腾讯旗下有几十款服务产品，涵盖搜索、社区、购物等各大领域，这使 QQ 旅游不必与其他企业进行合作，就可在自家提供一站式服务，如 QQ 旅游团购就非常成功，并成为 QQ 旅游的一大特色。广泛的产品覆盖面成为 QQ 旅游提供一站式服务的核心竞争力。

3. 利用各大媒体进行集群营销

QQ 旅游隶属腾讯旗下，腾讯网拥有 10 亿注册用户，6 亿活跃用户和 1 亿同时在线用户，与百度和阿里巴巴并列成为中国互联网的"新三巨头"，是中国主流的新闻媒体。腾讯网上设有专门的旅游频道，网民在腾讯网上阅读海量资讯时，即可登录旅游频道浏览，有预订需求时，即可自动转入 QQ 旅游进行决策和预订。此外腾讯还与 50 家排名靠前的媒体，如搜索、社区、微博、互动等网络媒体和发行量排名前 150 名的平面媒体合作，形成最具影响力和传播力的传媒集群。这些强大的营销力量，将 QQ 旅游的一站式特色服务推广开来。

4. 良好的服务保障，让出行无忧

一站式服务，需要沟通多个部门和环节，这对 QQ 旅游的服务质量和保障提出高要求。QQ 旅游设有专人在售中、售后进行跟踪服务和质检，所有的价格都明码实价，自费项目也准确明示，若旅途中出现任何质量问题会帮用户维权到底，使用户的权益得到切实保障。在机票和酒店预订服务中如果出现机票差价和酒店房满，QQ 旅游都会自行承担差价以及"到店无房赔付"。这些保障措施提升了用户体验，并为 QQ 旅游赢得了良好的质量口碑。

(丁昕 整理)

九、全景客：行走在虚拟与现实之间

（一）虚拟旅游的兴起与发展

第三次科技革命以来，计算机技术的应用和互联网的发展已经成功改造了诸多传统行业，而旅游业是其中之一。正如我们所见，在现代科技特别是现代信息技术对旅游业强力渗透的过程中，电子商务是这场革新的明星，但是这个明星在"技术范儿"方面还差了一点，而建立在GIS、三维可视化、虚拟现实、3D互联网等技术基础上的虚拟旅游显然看起来更像是一个技术世界里的极客（geek）。

所谓虚拟旅游，指的是建立在现实旅游景观基础上，利用虚拟现实技术，通过模拟或超现实景，构建一个虚拟的三维立体旅游环境，网友足不出户，就能在三维立体的虚拟环境中遍览远在万里之外的风光美景，形象逼真，细致生动。这种传统旅游与互联网相结合的旅游方式，目的在于让爱好旅行而又没有那么多时间去旅行的朋友在互联网上就可以享受到足不出户、微观天下的旅游方式。虚拟旅游不仅方便快捷，而且将逐渐成为旅游的一种新模式。

传统意义上的旅游是旅行者要进行一种地理位置上的移动，去体验目的地的自然、人文、社会等方面的特征，以及依托这些特征提供的产品的过程，这一过程要求旅行者和目的地在地理位置上重合。虚拟旅游实际上是对这一重合的反向实现，即实地旅游是"山不过来，我便过去"，虚拟旅游是"我不过去，让山过来"。虽然在目前的技术条件下，这种反向实现主要是视觉效果的实现，但是这种旅游方式以及背后的旅游理念的确是给现代人带来了一种新的旅游选择。而作为一种技术支撑的产品，虚拟旅游为旅游业的发展提供了新的思路和可利用的新工具。

图 2-16 全景客网首页界面

(二) 全景客的虚拟拥抱现实之路

全景客网是中国首家推出虚拟旅游服务平台概念的网站。"虚拟旅游"对于很多人来说还有点陌生,但是已经在小部分人群中悄然流行。利用相关技术,浏览者可以在网站上看到高清晰的三维全景照片,同时通过互动技术,使观赏者产生如临其境之感,为用户提供了一种网上旅游的虚拟体验。

一家创业公司是非常依赖创始人的敏锐嗅觉的。全景客的创始人马骥在见识过谷歌街景的奇妙之后,从中嗅出了利用三维全景技术在旅游业中发掘商机的可能。2009 年是全景客元年,马骥辞职创办了全景客,主打三维全景的行业应用。这一时期全景客并不是做虚拟旅游,而是在接单做项目,如和北京联通合作的"北京联通新农村 3D 实景展示方案"。这更近似于提供技术的支持,贩卖的是三维的技术而不是三维的产品。这样的业务在当时给全景客其实是带来了不少利润的,但是这样的业务模式和发展道路是有明显危机的。较低的行业准入门槛和较高的行业利润使马骥感觉到首发者的领先优势并不会保持很久。不甘心温水煮蛙的全景客选择了转型。

在线旅游的火热,智慧旅游的逐渐兴起,昭示着深度旅游的需求越来越旺盛。旅游市场的深刻变化让马骥看好一个比较独特的模式,即虚拟旅游,并且认为如果将旅游景点的资源聚拢起来,做成一个虚拟旅游体验平台,则有可能在市场中占得先机。

2011 年,全景客虚拟旅游网站上线,马骥领导的全景客团队开始致力于虚拟旅游平台的打造，而不再接单小项目的三维全景制作。在向平台转型之后，全景客利用积累起来的技术优势和打造细致客户体验的能力，逐渐建立起包含海内外了400多个城市、2000多个景区、10万多张高清的三维全景照片的网络平台。借助移动互联的东风，全景客也推出了相应的旅游虚拟类APP，其中以《美丽中国》的火爆最为引人注目。

《美丽中国》的成功可以说是全景客厚积薄发和战略选择的结果。虽然全景客背靠优势的技术和资源，但是如何打造有吸引力的产品，能够尽快找到有效的盈利模式，对于全景客这样一个虚拟旅游平台转型后一直在投入的创业公司来说是亟须考虑的。APP作为一种终端产品，为全景客输出自己的技术和资源优势提供了很好的形式。全景客也确实抓住了这一机遇，把自己打造成旅行者的出行秘书，放到离旅行者拇指之遥的地方。这是一次虚拟对接现实的成功尝试。

借助APP的成功，全景客进一步吸引到了更多旅游部门和景区的关注。这为全景客提供更多点对点的定制服务和挖掘更多的盈利点提供了条件，也使全景客（图2-17）在虚拟旅游行业的"前竞争时代"积累了更多的筹码，在面对潜在的大企业进入者和闻风而动的小企业竞争者时可以掌握更多的主动权。

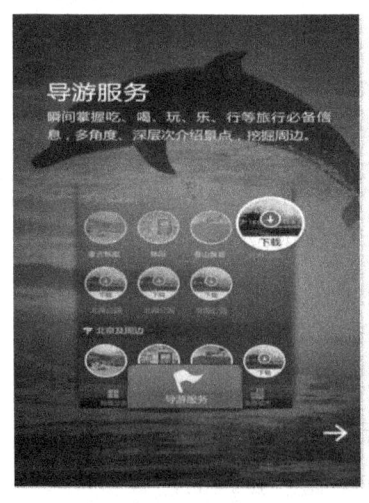 

(a) 导游服务界面　　　　　(b) 美丽城市界面

图2-17　全景客网页界面

(三) 虚拟如何照进现实

1. 因时势成英雄

全景客这个虚拟旅游行业的征战者未来能否成为英雄还未可知，但是全景客把握住行业的动向，成为行业的先行者已然成为事实。马骥抓住了两个时势的节点：一是谷歌街景上线，巨头的大动作使新生的三维全景的概念和产品实现了对用户市场较大程度的渗透和传播，趁此机会，马骥建立了全景客，做起三维全景技术的生意。二是智慧旅游和移动浪潮的兴起。全景客在这一时期毅然转型做起长线的平台塑造和接地气的APP应用服务。

2. 积累技术优势和资源，专注客户体验

全景客这样的创业公司缺钱是难以避免，这意味着每一分钱都要为未来而花，去打造自己的竞争优势。全景客自成立以来，一直在积累自己的技术和资源，到目前已经积累起了非常可观的资源。在无法依靠资金进行大规模推广的情况下，全景客专注客户体验，去发现客户的需求，产品追求人性化的设计。

3. 在现实的基础上建立的虚拟平台始终关注现实的需求

全景客是有"技术范儿"的，但并不是技术狂。全景客的虚拟旅游平台本身要依靠实地取景，在把产品在技术上做的精美的同时，也始终关注着市场的动向，其旅游类APP的成功正是发现了现实的需求。虚拟旅游并不是实地旅游的对立面，而是一种互补。全景客并不想建立封闭的虚拟王国，而是一直在关照现实的需求。

4. 不是以眼下的利益而是以未来的发展作为选择的依据

创业公司的存活率并不算高，能拼出来的都有两把刷子，虽然说船小好掉头，但是还是要有掉头的意识和嗅觉才行。正是看到了三维全景行业的潜力有限，全景客选择了转型，而不是淹没在蜂拥而至的竞争者中，丢掉先发者的优势。

（赵亚星　整理）

十、蚂蚁短租：打造用户体验的在线交易平台

（一）短租平台的发展

在线交易平台可以分为很多不同的类型，比如 B2B 平台、B2C 平台、独立商城、CPS 平台、O2O 平台、银行网上商城和运营商平台。这些在线交易平台各有特点，也各具有各自的客户群体。其中，O2O 平台主要是指团购平台，比如拉手网、大众点评等，还有其他 O2O 网络销售平台和模式，由于其高性价比，受到很多用户青睐。

"短租"是近年来赶集网上搜索次数上升最快的子业务，其借助 O2O 模式，在线交易平台将线上与线下形成一个闭环，使用线上的信息将线下的闲置资源给利用起来。类似"短租"在线交易平台的分类信息行业发展前景一直被看好。而在国外，采用 O2O 模式的网络短租鼻祖 Airbnb，是硅谷成长较快的公司之一，也取得了巨大成功。

（二）蚂蚁短租，注重用户体验的在线交易平台

蚂蚁短租网（mayi.com），是目前全国最大的在线短租交易平台，能为出行的朋友提供全国日租、周租、月租房源。蚂蚁短租（图 2-18）就像中国版 Airbnb，利用 O2O 模式进行尝试，对线下大量闲置资源进行处理，搭建一个在线交易平台。蚂蚁短租致力打造一个本地生活的平台，该分类信息平台能为本地中小商家解决闲置资源的问题，同时会给用户带来便利。

图 2-18 蚂蚁短租网首页界面

蚂蚁短租一直致力于好的用户体验，尝试给出差、背包客、求学、看病、找工作等大量有短租需求的用户带来了一个非常好的用户体验，这是一个巨大的市场。蚂蚁短租的业务围绕本地和生活，极大地方便了用户，用户可以在线完成看房、订房、支付、点评等内容。蚂蚁短租的最大亮点是可以介入交易的整个流程，能够更好地保障用户体验。

蚂蚁短租已经打造成为一个高性价比和特色短租房的交易平台。注册用户可以通过蚂蚁短租频道查找并预订、租赁全国各地、不同类型、高性价比短租房，如：商业核心区高品质公寓、高校周边民居或宿舍（图2-19）、海景楼房、花园别墅、林间小屋等。为了保障更好的客户体验，在蚂蚁短租上进行租房，支付和收款是非常灵活和方便的。用户可以通过支付宝、网上银行任意一种方式进行支付和退款。此外，在蚂蚁短租交易平台上租房和出租房，都有一个标准流程，该流程能够保证用户更好体验，同时也能规范买卖双方的利益。例如，租房流程：搜索房间—沟通房东—提交请求—房东确认—支付款项—入住评价；出租房流程：注册登录—发布房间—沟通租客—租客请求—确定请求—支付订金—租客入住—支付余额—相互评价。在整个交易过程中，房屋来源一般是以个人为主，部分为酒店式服务公寓、旅馆和客栈，房东收取费用，蚂蚁短租收取交易佣金，即成交额的10%。

图2-19 蚂蚁短租网搜房页面

为了让蚂蚁短租在线交易平台的用户体验进一步得到升级,蚂蚁短租加大无线投入及线上推广力度,加大互联网的广告投放以及线上营销投入。通过互联网投放不断增加新用户的入口,增加用户数。同时,蚂蚁短租采用精细化运营方式,将团购业务砍掉,以求短租业务更加精、准。

好的用户体验,最终也换回了好的用户的回报。短租用户黏性很好,超过蚂蚁短租的预期,用户在3个月的平均下订单数超过两次,这给蚂蚁短租带来了很大的信心,相信短租模式会是未来市场一个很重要的业务模式。

(三) 蚂蚁短租经营管理的若干做法

1. 注重用户体验

对于在线购物来说,除了"价格便宜,量又足"以外,用户的购物体验同样至关重要,因为这可能会关系到购物的效率、心情、便利度,甚至买单的金额。显然,网络购物在体验方面要胜过传统的线下购物,真正做到快捷、便利。

蚂蚁短租作为在线交易平台,致力于短租生活服务,目的就是为了服务那些出差、背包客、求学、看病、找工作等大量有短租需求的用户,能够在激烈的市场竞争中,保留蚂蚁短租的一席之地,做好用户体验是明智之举。比如,支付方式灵活、租房流程规范、用户入口多等。切实从用户的角度出发,了解用户需求、消费特点,一切以方便用户为出发点,才能赢得用户的青睐。蚂蚁短租董事长杨浩涌认为:"既然要做,就要做彻底,把用户体验做好做深,才能有源源不断的生意,而不能为了电商化而电商化。"

2. 整合闲置资源

"世界上没有真正的垃圾,只有放错地方的资源"。蚂蚁短租发现很多城市、区域有大量的闲置空房,不能有效开发利用最终造成浪费。蚂蚁短租及时利用O2O模式进行尝试,对线下大量闲置资源进行处理,搭建一个在线交易平台,将这些闲置房屋集中管理,进行在线销售。这种利用闲置资源的想法,为蚂蚁短租带来了很大的发展空间。

3. 敢于做减法

在激烈的竞争中,一味追求"大而全"已经不能适应快速发展的社会了。加法做多了,容易造成累赘,导致企业核心竞争力不明显,竞争优势不突出。蚂蚁短租敢于尝试新思路,大胆做减法,将团购业务砍掉,并且蚂蚁短租采用精细化运营方式,以求短租业务更加精、准。集中所有资源、人力和物力于在线交易和网络营销,让蚂蚁成功融资并不断壮大。

(展敏 整理)

十一、蚂蜂窝旅游社区的构建：交互与分享

（一）旅游网站 3.0 时代的到来

随着经济的发展，中国开始步入交互性与个性化旅游时代，旅游网站也进入了旅游社交媒体的新阶段。

旅游网站的发展可以分为三个时代：1.0 时代是 OTA 时代，自 2002 年开始，新兴的互联网企业大量整合线下的旅游资源，然后通过 call center 和线上运营的方式推荐给消费者；2.0 时代是搜索比价时代，需要搜索引擎来进行信息的整合和检索；而旅游社区的兴起则意味着旅游网站 3.0 时代的到来，这个时代所体现的就是交互性与个性化旅游需求。

（二）蚂蜂窝的旅游社交基因

蚂蜂窝旅游社区（图 2-20）就是旅游网站 3.0 时代的一个典型代表。

北京蚂蜂窝网络科技有限公司（www.mafengwo.cn），是一个凝聚高质量旅游爱好者群体的旅游社区，自 2006 年上线运营，规模不断扩大，并通过"分舵"实现在全国和国外各个地区的社区用户集聚。

图 2-20 蚂蜂窝社区首页页面

蚂蜂窝社区中已经收录了国内外众多旅游目的地的资讯。在依靠注册用户

提供的大量一手信息的基础上，蚂蜂窝先后制作推出了各类目的地旅游攻略路书，涵盖了当地吃住行游购娱等各方面丰富翔实的旅游信息，给无数自助游爱好者提供了方便快捷的旅行指南，受到了用户的普遍欢迎。蚂蜂窝的用户热爱户外旅行，钟情于自驾游，拥有专业的摄影技术，因此，蚂蜂窝凝聚的是一个高质量的旅游爱好者群体。凭借自身的优势，蚂蜂窝正吸引着更多的网友源源不断地加入蚂蜂窝旅游社区。

蚂蜂窝创始人陈罡认为，蚂蜂窝区别于其他在线旅游类网站最明显的标志就是它自身所具备的社交基因。在陈罡看来，旅行天然就是一个 SoLoMo 的应用，即：社交化（social），本地化（local）和移动化（mobile）。蚂蜂窝这样一个旅游社区平台的建立，以用户提供真实有效的信息为核心价值，帮助用户制定正确的旅行决策，解决旅行中的问题，同时也方便了朋友之间的旅行交流，分享旅游信息与乐趣。

蚂蜂窝的核心产品是"旅游攻略"，涵盖食、住、行、游、购、娱的旅游六大要素，和休闲、新奇经历、兴趣爱好，等等。以广泛的用户基础打造的 UGC 的形式，提供广义上的免费的"旅游参考决策"这一旅游产品，并辅以蚂蜂窝的"旅游小组"来交流旅途感受。陈罡认为："做旅行规划更倾向于吸收真实的游记和点评，而不是包含商业广告成分在内的东西，这会促使以旅行为目的的人集聚在一个圈子里，使社区化趋势越来越明显。"正是因为得到共同爱好者的相互激励和回应，才促使大家产生更多的优质 UGC 内容。

在线上，作为 2012 年 7 月上线的一款移动客户端产品——嗡嗡，是一款旅游社交类的产品。这款产品可以帮旅游爱好者收集全球各地旅游足迹，以旅行线方式串起来，非常有趣。通过嗡嗡可以找到旅行过程中可以搭车可以结伴的志趣相同的旅游爱好者。2013 年下半年推出的蚂蜂窝移动端，优化了用户酒店预订、旅行直播、游记书写以及对关注和粉丝的互动体验。

在线下，蚂蜂窝依赖"分舵"（图 2-21）实现在全国和国外各个地区的社区用户积聚，分舵的舵主是当地沙龙的组织者，通过蚂蜂窝的社交产品"嗡嗡"形成高黏合度的用户网。

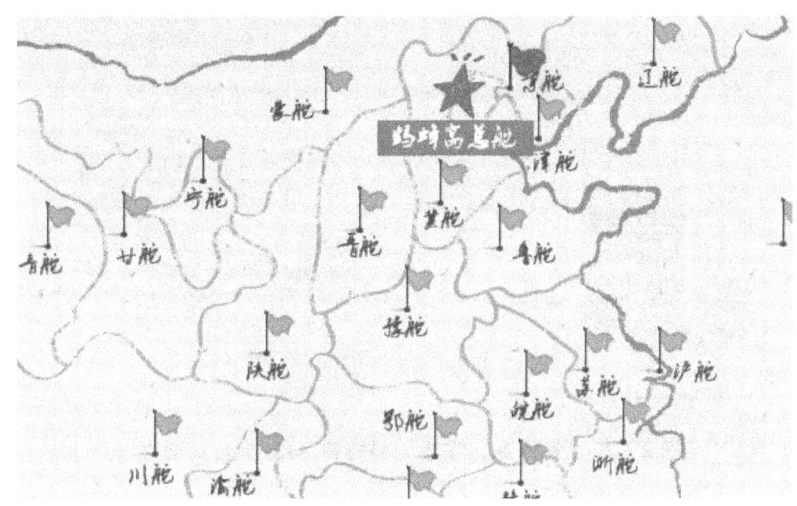

图 2-21 蚂蜂窝"分舵"分布图

截至 2014 年 1 月初,蚂蜂窝用户数量达 3000 万人,网站日均浏览量达 1000 万次,日均独立访客 120 万。

(三)蚂蜂窝构建旅游社区的做法

1. 打造闭合产品链

蚂蜂窝存在的一个业务闭环是用户从动念头、做计划、行动、实施过程和完成战略这一系列业务集合。蚂蜂窝产品的本质,就是在旅行过程的前、中、后三个时期给予用户足够的信息。在旅行结束后,蚂蜂窝再将这些游记中精华的、对其他想要出行的用户有用的部分提取出来,制作成核心产品旅行攻略,为其他计划出行的用户服务。对于产品链的打造,极大地增加了用户对于蚂蜂窝社区的黏合性。根据蚂蜂窝数据研究中心公布的数据显示,截至 2013 年底,全网游记共计 180 万篇,日均攻略下载量达 20 万。

2. 聚焦移动客户端

随着 iOS 系统和安卓系统的普及,蚂蜂窝从 2011 年 9 月开始逐步推广自己的移动客户端,包括旅游攻略、嗡嗡、游记、旅行翻译官和蚂蜂窝。其中以社交功能为核心的"嗡嗡"和"蚂蜂窝"APP 集合了足迹实时分享、旅游心情记录以及旅行结伴等功能(图 2-22),弥补了市场上没有专门为旅行爱好者设计的社交类应用的空白,几款移动客户端上线后迅速取得市场的良好口碑。截至 2013 年年末,五款移动端的安装量超过 3500 万。

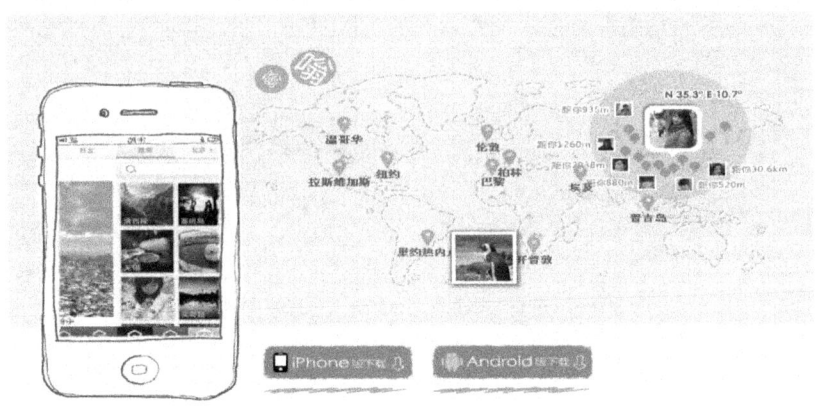

图 2-22 蚂蜂窝、嗡嗡和蚂蜂窝 APP 集合页面之一

3. 贯通上下线活动

蚂蜂窝的线上线下活动内容丰富且具有创新性。从邮寄明信片、照片 PK、同城聚会，到模拟真实的航班、创建在线宗教修行平台、勇当户外探路者，满足了复古、清新、时尚、大胆等具有各类性格特质用户的口味。通过如此新颖、富有互动性和参与感的线上线下活动，使整个社区活力四射，拉近了用户与蚂蜂窝的心理距离。其中具有代表性的是 2013 年 9 月至 10 月，蚂蜂窝举办的"国人旅行百年展"，展览以"国人百年旅行方式的五次变迁"为主线，从普通人到大时代，索引出 100 年旅行生活全貌。作为展览的主办方，蚂蜂窝旅行网联合创始人陈罡表示："策划本次展览，正是蚂蜂窝关注旅行、关注旅行者的一个表现。作为 UGC 旅行社区，蚂蜂窝拥有非常多的高质量用户分享的精彩内容，这些都促使我们更专注旅行、关注旅行者本身。"

（郭颂 整理）

十二、TouchChina：随身的旅行顾问

（一）旅游导览与移动应用的结合

很多人都非常喜欢旅游，对旅游之前烦琐的攻略准备工作也深有体会。随着移动互联时代到来，信息的获得变得异常容易，但与此同时信息的整合利用带给了更大的挑战，拥有随身的旅行顾问成为很多旅游者梦寐以求的事。

国内的旅游近年来发展非常迅速，旅游的形态正在从比较趋同的团队游向更为灵活的自助游、半自助游过渡。此外智能手机和3G在迅速普及，人们出行时获取信息的方式正在迅速地移动化。这两个趋势加在一起，可以说现在是把移动和旅游结合的最佳时机。

TouchChina就是将传统的旅游导览信息与移动应用完美的结合起来，让旅游者们不用提前准备攻略，随时来一次"说走就走"的旅行。TouchChina将信息整合再创造，为旅游者提供方便的一站式旅游服务，通过提供可信赖的手机旅游软件（图2-23），使得游客从纷繁的准备攻略的过程中解放出来，游客只需要跟着它玩就可以了，整个旅行就变得很轻松。

图2-23　TouchChina的景点通页面

（二）突出核心优势，打造咨询平台

TouchChina是一系列的旅游相关移动产品，提供随身导游、地图、公交、汇率换算、天气预报等一系列相关服务。目前已经涵盖了国内40多个景点的导游语音，主要产品有《故宫》《上海地铁》《旅游天气》等iPhone、Android版本。TouchChina系列的无线旅游应用，因其精美的设计，实用的功能和贴心的创意在用户中广受好评，多次获得AppStore首页推荐。2011年8月公司在"创新中国——高通红杉杯无线创业大赛"总决赛中获得大奖。

TouchChina一直突出自己的核心功能——LBS（Location Based Service）景点导览。景点导览是为了提升景点旅行的品质，旅行者并不满足于到此一游，他们希望了解更多当地的民俗、历史等知识，TouchChina此时就是一个提供了实用有趣信息，又不会主导游客行程的电子导游手机软件。

通过高品质的产品TouchChina快速地捕获了大量的用户。用户们下载TouchChina后，无论是去游览故宫还是西湖，都可以得到最全面、最及时、最符合当时情境的旅游景点讲解。在旅游导览领域，景点通几乎没有对手。

好的口碑才会赢得客户的信任，TouchChina在产品的创造过程中一直将顾客体验放在首位，用细节创造品质。例如在景点地图的设计过程中，做了大量的统计和分析工作，规划合理的游览路线和预估参观时间，给游客最高效和实用的路线推荐。这些地图的详细程度都远远超过景区的实际地图和任何其他地图资料。设计师会亲自到景点拍摄照片，采集素材，对地理位置、建筑构造、自然景观都做准确的记录，让用户更容易找到有兴趣的景点和路线，清晰地找到目标建筑物和自然景观。

景点的解说内容，也是组织很专业的编辑兼旅行的爱好者来撰写的，兼具知识性和趣味性。解说的录音是聘请专业的播音员在棚内专门录制，以保证解说的清晰和具有亲和力。在一个景点当中，通常会有男女两位播音员提供解说，这其实是为了避免用户长时间收听一种声音而产生疲劳。

图 2-24 地铁通页面

目前 TouchChina 的两款主要产品,景点通与地铁通(图 2-24)的用户量在 600 万左右,单景点通方面用户数超 400 万。景点通中已经有 100 余个景点的详细资料,目前还有 200 个新景点将上线,景点数量也将向 1000 个发起冲击。

TouchChina 还独创的把详细的景区导游、商场导购和城市旅游信息推荐进行了无缝整合,给游客提供一站式的服务。比如香港城市导览除了介绍香港方方面面的信息和攻略之外,同时提供迪斯尼乐园、海港城非常详细的导游和导购。TouchChina 正在利用自己核心功能优势,吸引大量用户之后拓展自己的产业链,引入各种旅游信息服务,打造一个强大的出行旅游咨询平台。

(三) TouchChina 获得用户认可的成功之道

1. 产品自身过硬的品质

TouchChina 的创业团队 TruthSoft 在用户体验设计和软件开发方面有丰富的经验,所有产品从设计到开发都把用户的体验放在第一位,做了很多原创性的工作来支撑用户的良好体验,比如 TouchChina 导游系列产品的地图、文字、音频等内容都是经过精心设计和制作的,拥有完全自主的知识产权和很高的专业水准。

2. 精准的用户定位

旅游类需要的是精准用户,这些用户真的通过景点通便捷自己的旅游,认可景点通之后并使用未来的增值服务。TouchChina 通过应用商店、应用推荐网站、应用推荐论坛、应用内互推等方式挖掘客户,用户数量增长明显。随着智能手机的普及,纯粹尝鲜下载的用户变少,用户下载应用也更为理性,所以精准用户的应用也有所增加。

3. 网络营销平台的选择

现在的景点通已经对接了微信平台,在轻应用方面也获得了百度的大力支持,但在参考旅行社的运营模式后,研创团队认为,能够为用户在一次旅程中提供完整优质的服务,这才是最重要的。景点通选择了微博、微信作为社交网络的营销平台,相信微博与微信能足够满足用户的分享需求。

4. 广泛的合作

TouchChina已经与20个景区、4家旅游局达成了合作。去哪儿网及一些酒店都在尝试与景点通合作。同样植根于旅游行业的去哪儿网,在旅游行业的链条中恰恰欠缺景点周边的服务。导流量、赚取佣金,景点通的盈利方式比想象中要多很多。600万的用户量的资源不仅是TouchChina的阶段性努力的成果,更是未来发展的希望。

(王旭 整理)

十三、世界邦：出境自助游一体化解决方案开拓者

（一）处在爆发增长前夜的出境自助游市场

随着国民经济的快速发展，我国居民人均 GDP 突破 7000 美元，随之而来的则是我国的出境游市场的快速乃至爆发性增长。各国签证的利好政策，再加上北上广等国内一线城市直飞欧、美、澳、新的航线不断增加，出境自助游已经在一线城市的 80 后及更年轻的人群中形成潮流，而这些人恰恰是今后出境游的主流消费群。

此外，信息沟通渠道的多样化和效率提高也使得出境旅游这样一种较新的消费方式越来越快地在中国国内传播，自助游热潮也迅速扩散到众多国内二三线城市。过去出境游的潮流从北上广深波及二三线城市，用了 10 年不止；然而在信息化的今天，任何风潮的形成和传播，尤其是从一线城市到二三线城市的传播，比以往快了何止数倍，可能只是分处不同城市间的同学打个电话，甚至是用微信微博QQ等社交工具聊上 5 分钟，消息就已经传达过去了。特别是《新旅游法》的实施，更加促成了出境旅游方式从团队向自助的转变。

根据最新的统计数据，2013 年，我国国内出境游人数为 8318 万人次；消费额高达 1020 亿美元；人均约合 7725 元人民币，几乎是国内游的 10 倍。由此可见，出境游的市场具有广阔的前景。

（二）世界邦的出境自助游一体化解决方案

登录世界邦的官网，打开任意一个自助游路线，都会发现一个类似自选菜单的长条（图 2-25），在内部这被称为"点灯条"，上面涵盖了游客出境时可以自行选择的大部分标准化旅游商品，比如机票、签证、住宿、保险、租车、接送、门票、购物、通票等。它之所以叫"点灯条"，在于用户可以根据自己的需求，自行选择搭配组合，而被选定的商品会有亮色提示，没有选择的商品则是暗色。

图 2-25 世界邦自选菜单页面

有别于市场上风头正劲的旅游社区网站和其他 OTA,世界邦的独特之处在于,它正尝试将旅游产品进行信息化、标准化、细颗粒化,然后通过一种类似旅游自助超市的方式,对传统的旅游产业线上运作模式进行纵深化的整合。具体来说,世界邦的优势在于以 DGC(Daren Generated Content,即达人生成内容)为核心,其内容来自熟悉目的地的达人,而不是曾到目的地一游的旅客。

据此,世界邦专注于做两件事情:

一是在主要的目的地城市搜罗旅游达人。他们多为当地留学生或者常驻华人,熟悉当地情况,又乐于做分享。这是一种类似"达人经济"的分享社区,由达人为游客定制行程,并解答各种个性化咨询,从而将旅客在各个论坛搜寻攻略的工作尽量简化,而世界邦给达人是积分回报,可以兑换多种旅游商品,从而形成一个良性运转的多方生态体系。

二是研发了一个"旅行小帮手"。这是一个人机交互的对话框,它涵盖"2分钟轻松梳理旅行需求""目的地旅行达人精准服务""精彩实用的免费个性化行程展示及行程配套的商品"三大亮点。用户在回答包括是否已确定出行国家、想去的城市、行程安排的松与紧、出行目的、住什么档次的酒店等,整个流程体验下来，大约需要 2~5 分钟。然后，用户只要提交个人邮箱，即可在 48 小时内，收到由目的地旅游达人推荐的个性化行程单（图 2-26、图 2-27）。

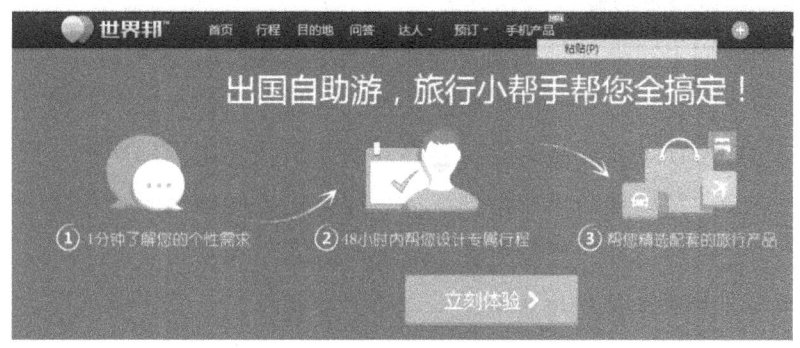

图 2-26　世界邦旅行小帮手首页界面

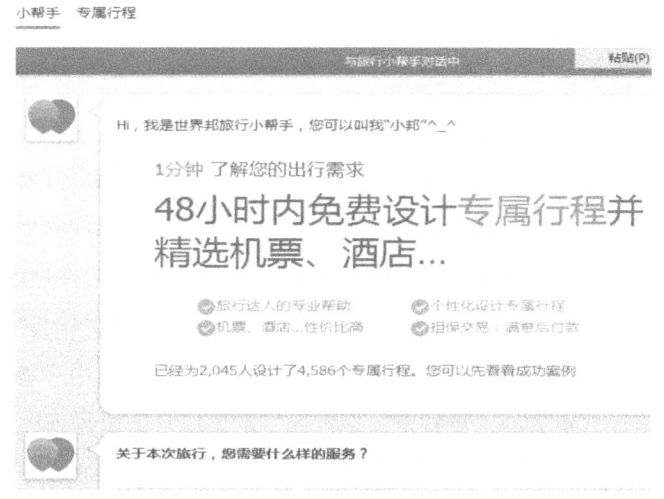

图 2-27　世界邦旅行小帮手的专属页面

世界邦追求的是成为旅游电商真正元年的敲钟人。从逻辑上看，世界邦要构建一个全新的、纵深整合的旅游电商体系，这就要多点发力，将原先没有做好信息化、标准化的旅游产品，梳理清楚，并将它们展现在线上交易平台上，努力打造一个贯穿旅行研究、计划、预订、分享的一站式平台。

(三) 世界邦抢占出境自助游市场的四个利刃

1. 精选海量信息，广泛搜罗旅游达人

现在的旅游景点攻略信息不是太少了，而是过于海量与庞杂，"世界邦也要做社区，但我们不想做那种表面热闹的社区，而是能迅速解决各种难题"，世界邦网负责人如是说。在世界邦的商业模式构思中，旅行达人可谓是亮点和核心所在，他们不仅承担着回答旅行者提问、活跃社区氛围的职责，同时也需要凭借自身的专业知识帮助用户计划行程。旅行达人必须满足两个条件：一是乐于助人，二是具有丰富的旅游经验、技能和知识。

2. 及时推送精准目的地信息

精准的行程设计还需要大量最新的目的地信息作为支撑，尤其是铁路、公交、渡船、巴士等当地交通的实时信息和目的地景点的动态。而世界邦也在考虑将来通过移动设备为用户提供行程中的辅助和支持，世界邦未来可能发布随行工具，用户可以将定制行程以及购买商品的消费凭据同步到移动设备上，并与为其设计行程的旅行达人实时交流，即时咨询有关目的地的情况。

3. 旅行小帮手"私人定制"专属行程

在旅行小帮手了解到用户需求，而且旅行达人与用户确认出行需求后，他们会在48小时内为用户定制专属行程，其中包括了机票、保险、签证代办服务，机场接送服务和酒店等标准产品的预订链接。这款小帮手涵盖"2分钟轻松梳理旅行需求""目的地旅行达人精准服务""精彩实用的免费个性化行程展示及行程配套的商品"三大亮点，把以往高高在上的旅行定制服务拉入寻常百姓家，免费为用户答疑解惑、提前规划行程，从而实现"更省心、更省事、更省钱"的出境自助旅行（图2-28）。

图2-28 世界邦旅行小帮手出境游页面

4. 打造旅游电商模式，构建完整旅行体系

在世界邦的官网中可以看到，旅行商品不再以孤零零的特定搜索类别呈现，而是作为全程旅行定制服务中的一部分打包给用户选择，采用与行程相应的结构化配套推荐模式。该模式有效避免了一般攻略类网站那种大海捞针似的搜索，通过小帮手梳理需求以及提供专属行程的方式，将对某目的地具有明确需求的潜在游客直接带到商户门口。

世界邦旅行网将旅行达人的行程设计为4种可视化形态，体贴入微地立体展示，六大优势一应俱全：

（1）"概述"总括行程精华和量身元素。

（2）"行程详情"丰富细致，介绍精彩的目的地景点玩法，深度贴士经验等内容。

（3）"地图"让行程规划、路线一目了然。

（4）"日程表"透视日程核心结构。

（5）"价格计算器"辅助用户合理消费决策。

（6）出国自助旅行商城的"配套商品"与行程嵌套匹配，品类齐全、自助游特色突出。可以看出世界邦致力于打造自助游的一体化打包商。

（张曼　整理）

十四、小红书：在红海中求生存

（一）旅游业、网络营销平台与在线媒体

随着国民经济保持持续平稳较快发展，居民收入稳定增加，旅游需求也呈现出较快的增长趋势，中国旅游行业处于黄金发展期。国务院《关于加快发展旅游业的意见》中提出了"将旅游业培育成国民经济的战略性支柱产业和人民群众更加满意的现代服务业"的战略目标，并明确指出"以信息化为主要途径，提高旅游服务效率。要求通过积极开展旅游在线服务、网络营销、网络预订和网上支付，充分利用社会资源构建旅游数据中心、呼叫中心，全面提升旅游企业、景区和重点旅游城市的旅游信息化服务水平"。

在线旅游具有交易成本降低、旅客自助化服务、旅客积极互动等优势，因而成为推动全球旅游经济发展的一个不可忽视的新兴力量。

从旅游产品供应商到最终旅行消费用户，在传统的旅游产业链中加入了网络营销平台和在线媒体两个环节，使整个行业发生了根本性的变革。网络营销平台能够充分满足消费者对旅游产品的浏览和预订，满足了消费者便利性的需求；而在线媒体则通过提供搜索、社交媒体、移动应用等功能，为消费者提供了比较和选择判断的价值，满足了消费者追求更好的性价比的需求。

（二）小红书——在红海中求生存

目前市场上旅游相关的产品有：穷游、蚂蜂窝、去哪儿、面包旅行、在路上、蝉游记、TouchChina、爱旅行、世界邦、孤独星球、来来会、景点特价门票等。但在这片红海里面，有一个痛点被大家所忽略了，大家似乎都只关心旅游行程以及攻略的分享，关于旅游购物的方面被忽视了。小红书购物攻略是目前市场上唯一专注于境外购物的攻略类产品，跟市场上以景点行程为主要关注点的攻略有明显差异。小红书就像是只专注购物的"蚂蜂窝"。

小红书目前有两款移动端产品，购物攻略和购物笔记。攻略侧重于目的地跟购物相关的相对静态的信息，如什么品牌值得买，什么商场值得逛，什么时候是打折季等信息，由住在当地的达人提供，为用户推荐不同国家地区退税打折出行信息，推荐各地本土品牌特色商品、行程中不可错过的购物场所及地图

索引。

1. 购物攻略

截至 2013 年年底，小红书已有泰国、韩国、美国、日本、新加坡和中国香港等国家和地区购物攻略。攻略由生活在当地的购物达人撰写，提供了目的地性价比最高、最有特色的品牌介绍，同时也将最热门的商圈购物地总结成册，一站式答疑解惑。不仅可以打印或以 PDF 形式携带，更能够通过 APP 下载后离线阅读。

2. 购物笔记

购物笔记是小红书团队现在主要运营精力关注的产品，完全是 UGC 模式的购物分享社区类产品。在购物攻略推出后，很多用户反应非常希望看到更多实时变动的动态信息和其他旅行者的购买推荐，而攻略有时无法满足这种需求。拿标准的产品——iPhone5S 为例，用户除了知道在哪里买，价格多少之外，还想知道是否需要预约，是否限购，排队要多长时间，Air/mini 有没有货，怎么过海关等，这些都不是简单的攻略可以解决的，因此小红书推出了购物分享产品购物笔记，鼓励大家将自己在海外买到的好物品都分享到这个平台上，跟同样爱购物的小伙伴们互通有无，因此，小红书购物笔记里有大批达人每日乐此不疲地分享自己真金白银砸出来的购物心得。想知道日本药妆店必买推荐，有常居日本的 MM 一一道来；想知道购买爱马仕的诀窍，且听拥有十几个爱马仕包的达人私房秘籍；有出境旅行的计划，或者是海淘达人，赶紧来购物笔记记录购物达人们的境外购物战利品。跟小伙伴们一起互通有无，帮助有需要的小伙伴。

小红书的口号是："走出国门，买遍全球优性价比"。小红书在信息提供方面做到了最实时、最干货，涵盖了中国香港和日韩、美欧、东南亚等各个渠道。

（三）小红书成功之处

1. 专注服务特定人群的出境购物社区

近年来，随着出境旅游的火热发展，对国外商品的热衷，也算是个"中国特色"，并且正在从一二线城市向三四线城市蔓延。中国人都是土豪吗？非也！究其原因，不外乎两点，要么价格便宜，要么质量有保证，总之就是划算。小红书就专注于这块市场和人群，做出境购物攻略和社区。

2. 产品使用简单，易于操作

小红书购物笔记是个简单的产品，用微博或 QQ 账号登录之后，默认进入

"发现"页面,支持按照最新、最热、品类(比如包包、化妆品)和地区(比如中国香港或日本)来查看用户分享的购物笔记。另外也支持搜索,可以直接搜索查看自己感兴趣商品的相关信息。

在具体笔记页面,可以看到商品图片、品牌、价格、购买地址以及楼主的购买心得。如果有更多疑问,可以通过评论和楼主互动;如果对商品感兴趣,可以一键加入心愿单。

3. 多元化的运作团队

小红书在世界各地有着低调的小红们。小红们有的是顶级学府的留学生,有的是跨国银行的高管,有的是大型企事业单位驻外人员,有的是横扫商界的知性美女。其共同特征就是精明,只买对的,不买贵的。最重要的是小红们都一百万个愿意把自己的扫货经验毫无保留地贡献出来,拿出一部长达60多页的初稿,跟小伙伴们一起互通有无,帮助有需要的小伙伴。

4. 产品的及时更新和维护

由于拥有着活跃在世界各地的小红们,对于各类商品信息的变动,小红书会第一时间进行攻略和笔记的更新,提供最新、最全的境外购物攻略。

5. 购物笔记及攻略撰写的口语化、时尚化

小红书以口语化、情感化、时尚化的口吻,提供出境购物信息、分享购物需求和心得,让大家以轻松、诙谐的方式了解最新、最全的购物动态。

(王雁楠 整理)

十五、在路上：分享体验产品与跨界创业团队

（一）移动互联网背景下旅行分享类 APP 的快速发展

以往当人们要去一个陌生地方旅游之前，都会做大量的准备工作，比如上网去搜索旅游攻略，去点评网站翻看其他旅游者的点评记录，使用各种途径去搜寻好吃的、好玩的，虽然不用花费太多力气，但是准备工作之琐碎还是会令人头疼。而移动互联网的快速发展和普及使得人们的旅游出行发生了深远的变化，旅游者只需携带一部手机，连上 WiFi，各类相关的旅游信息便应有尽有。

国内的旅行分享类 APP 已经有很多，包括面包旅行、到到、在路上、去哪儿旅途、嗡嗡等。根据劲旅咨询发布的 2013 年 12 月国内分享类旅游应用（APP）下载量月度 TOP10 排名，在路上位列第三，月下载量为 443.1 万（安卓系统）。

虽然分享类旅游 APP 的市场竞争还没达到预定类 APP 那样激烈，但其发展速度不容忽视。目前，大型在线旅游网站中，只有去哪儿网推出了专门针对旅游分享类的 APP，即去哪儿旅途。由携程投资控股的蝉游记计划在 2014 年一月份推出 Android 测试版，完成了 iOS 和 Android 两大系统的全面上线，相信携程的加入会使得分享类 APP 的竞争中增加一名强有力的对手。2014 年旅游分享类 APP 的发展令人拭目以待。

（二）"在路上"的产品与创业团队

"在路上"的核心产品是智能手机终端上的旅行记录和分享 APP，其特色在于能够帮助用户通过手机建立起一条基于时间轴的游记。用户可以随时用图文记录旅程中的点点滴滴，并且都包含有详细的时间和地理位置信息；在写旅行游记时最大程度的还原当时的情境，不必担心想不起当时的场景细节。用户还可以选择同步分享到微博和人人等社交平台。用户还可以在出行前和出行中随时查看其他用户的过往旅程，作为参考（图 2-29）。

图2-29 "在路上"页面之一

"在路上"的核心价值理念是为旅行者提供帮助。旅游是高度个性化而又充满不确定性的行为,这种行为不是靠固化的、同质化的攻略能够引导的。随着产业和用户的逐渐成熟,智能化的旅行产品推荐引擎必定将成为趋势,而"在路上"正通过专注于解决用户旅行记录的刚需,来为未来建设旅行产品推荐引擎添加能源和动力。

要是用一个词来总结"在路上"的创业团队,那就是"跨界"。"在路上"CEO陈伟曾担任上海热线副总经理、盛大网络平台运营中心总监,已经有过三次创业经历;联合创始人、CMO浦明辉拥有12年以上的互联网运营经验;同济网的创始人,绿野户外网市场前总监、CTO夏之晟是上海交大2008届计算机系硕士研究生。

"在路上"的技术部门是其产品和团队的核心竞争力之一,开发人员很年轻,大多是来自复旦、交大、早稻田等名校的计算机硕士,且都具备一到三年的移动互联网项目经验,这为"在路上"的成功发展奠定了基础。值得关注的是,"在路上"不仅仅是一家技术型公司,而是从团队建设初期就对渠道、运营和市场等方面投入了相当多的时间和精力的运营管理复合型公司。核心成员都在移动产品推广运营以及旅游行业有资深的从业背景和人脉资源,这样一支复合型团队势必会帮助"在路上"走得更稳、更远。

(三)"在路上"的发展之道

1. 专注于提升产品体验

与同类的旅游分享类 APP 相比,"在路上"的一大优势就是"专注",专注于不断提升用户的体验,更好地满足用户的刚性需求,在不到一年的时间内发布了 30 多个版本升级。

2. 重视异业合作与跨界整合

"在路上"始终视"异业合作"和"跨界整合"为技术以外最重要的工作方向。其已经和多家世界一线户外旅行装备品牌进行合作,不仅得到赞助,并且获得了进一步推向市场和用户的机会。此外,"在路上"还与知名的旅游刊物进行媒体广告资源置换,和各地旅游局和景区开展了各种形式的互动,这使得"在路上"能够一直成功地走下去。

3. 团队成员多元化

"在路上"的团队成员从业背景丰富,对移动互联网和旅游产业的整合有深刻的理解力和执行力,为企业的异业合作奠定了基础。

4. 技术团队实力强大

"在路上"技术人员大部分是来自名校的计算机硕士,且均有成熟的移动互联网开发经验,有实力开发出高水平的产品。

(李橙　整理)

十六、中华户外网：引"线"织"网"之术

（一）硬派气质的户外活动

户外活动虽然也可以被归入旅游一类，但是给人的印象和赏风弄月的普通旅游不同，有着鲜明的硬朗气质，对参与者的热情、体力和心理都有一定的要求。从这一点看，户外活动是旅游市场里一个细分市场。

户外活动的历史，最早可追溯到18世纪的欧洲。据史料记载，法国著名科学家德·索修尔为探索高山植物资源，渴望能有人帮他克服当时看来是不可逾越的险阻——登上阿尔卑斯山顶峰。他于1760年5月在阿尔卑斯山脚下的夏木尼镇贴出一则告示："凡能登上或提供登上勃朗峰之巅线路者，将以重金奖赏。"直到26年后的1786年6月，夏木尼镇一位名叫巴卡罗的医生揭下了告示，他经过两个多月的准备，与当地山区水晶石采掘工人巴尔玛结伴，于8月6日首次登上了勃朗峰。

户外活动的种类有诸多种，包括攀岩、野营、探险、徒步、野外定向等十数种。从户外活动的历史记载和种类来看，明显可以感觉到户外活动和"说走就走"的旅行不一样，有着明显的硬派气质，也并不是所有的旅行者都会对这一类的活动感兴趣。

（二）中华户外网的引"线"织"网"

中华户外网（www.huway.com）创办于2003年，是目前中国综合实力最强的户外行业门户网站。中华户外网在理念、技术和资源的积累与运用方面都有不俗的实力。中华户外网正如它的名字，是致力于普及和推广户外运动，组织和承办各种大型户外活动、赛事的商业公司。先后为法国罗阿大区和北京、台北，以及黄山、张家界、天目湖、龙虎山、武功山等旅游目的地和知名景区提供营销策划支持，创办了国际帐篷节、国际户外铁人三项、黄山国际登山大会、冰雪嘉年华、国际户外运动之旅、中法山地节、户外文化节等国内半数以上的知名休闲旅游节庆，所举办的大型活动规模一次又一次创造了中国乃至亚洲之最。作为中国户外运动产业和户外休闲产业的推动者，中华户外网在11年的发展历程中有着不俗的成绩。纵观中华户外网的成长历程，可以说是用两根

"线"织成了户外活动平台的大网。

第一根"线"是中华户外网网站本身。中华户外网本身是一个户外活动的门户网站和论坛。和一般的旅游网站不同的是,中华户外网只提供户外活动和自助游的相关的资讯,其内容专注于户外活动这个细分市场。在长期发展中,中华户外借助门户网站丰富的资讯和活跃性较高的论坛积累了大量的流量和点击量,形成了客户资源的丰富人脉。

第二根"线"是中华户外网背后的线下活动组织能力。中华户外网目标非常明确,就是要形成一个商业活动平台,而不仅仅是一个信息传播和交流的媒介。户外活动最终要在户外实现,那么网站充当的角色只是引导和信息的提供者,或者说是一个入口,真正考验能力和积累口碑的是对线下活动的组织。这要求在两个端口发力:一个端口是参与者的协调,另一个端口是目的地的协调。中华户外成功举办了诸多大型且有影响力的户外活动,证明了其线下活动的良好组织能力。

线上与线下的两根"线"最终织成了中华户外网在户外大型活动、节庆组织、自助游、定制旅游等方面的成功之网,在国内拥有3000家合作俱乐部和超过100万会员。在此基础上,新的OTA平台已于2013年3月上线,成为国内首个融合旅行分享、社交功能开放式的自助游、自驾游交易平台,为国内的俱乐部、旅游出行者、旅游目的地提供对接服务,同时推出平台配套的基于LBS的旅行APP。

(三)中华户外网的成"网"之道

1. 明确的市场定位

中华户外网的目标客户是很清晰的,不管是起家的户外活动组织,还是后来推出的定制旅游,中华户外网对想要赢得的市场和能够赢得的市场有着非常清晰的认知。

2. 以线上聚集人气,以线下打造实力和品牌

中华户外网对平台建设有非常清晰的认知和坚持,这使得中华户外网得以内外兼修:在线上吸引大批会员和关注者,在线下用实实在在的活动举办效果提升品牌价值。中华户外网借此在旅行者、旅行社和旅游目的地中获得信任和影响力,随之也获得了利益的回报。

3. 多元的产品,主辅相成

中华户外网主打大型户外活动,但是其提供产品并不单一,如旅行攻略分

享、定制旅游等，其创办的中华户外摄影协会更是和主打产品相辅相成。中华户外网的多样产品可以说都是基于同一核心能力和相同的资源，更像是一种自然的衍生，主辅之间可以相互促进。

4. 多种盈利渠道

中华户外网的盈利渠道比较多，主要有以下几种：

（1）积累大量的点击率后，可以招揽广告费、链接费等。

（2）长期经营后，会产生自然团队，如曾经跟网站活动的散客会介绍公司、单位前来报团或要求组织，就成旅行团一样了。网站发展趋势主要就是赚取团队活动的利润，通常这种利润比旅行社的还要高。

（3）承办大型的户外活动。

（4）为旅游目的地做推广。

（5）推出了定制旅游路线。

（6）提供和户外运动有关的装备购买渠道（商城）。

（李响　整理）

第三篇

"心怀天下　创业未来"首届中国旅游创业高峰论坛实录[①]

[①] 论坛主题:"心怀天下　创业未来"首届中国旅游创业高峰论坛暨中国旅游创业家协会成立一周年庆典;地点:北京第二外国语学院第4教学楼竞先厅;时间:2014年3月1日9时~18时。

一、领导致辞

男主持：尊敬的各位领导，各位来宾，朋友们，大家上午好。

心怀天下，创业未来。我是北京第二外国语学院科研处的江新兴，受主办方委托，主持今天上午的开幕式。首先请允许我代表我校全体师生，对各位莅临首届中国旅游创业高峰论坛表示热烈的欢迎。

为了释放旅游产业界更大的正能量，为凝聚更多的有识之士形成更强的舆论导向和共识，由中国旅游研究院指导，北京第二外国语学院酒店管理学院和中国旅游创业家协会共同主办的首届旅游创业高峰论坛，暨中国旅游创业家协会一周年庆典，于今明两天在我校召开。2014年也是二外创建50周年，值此盛世，我们将本次论坛作为庆祝建校50周年的一个重要活动。此次会议来宾济济，大家欢聚一堂，共同研讨如何通过创业创新，繁荣旅游产业，促进社会经济发展，这也是旅游界同人碰撞思想、切磋经验、传播优秀经验的企业家聚会。

现在由我介绍参加本次会议的嘉宾，他们是：

中国旅游研究院院长戴斌教授；

北京第二外国语学院副校长朱佩芬；

中国旅游创业家协会会长张德欣；

北京第二外国语学院酒店管理学院院长谷慧敏；

北京第二外国语学院旅游管理学院党总支书记殷敏；

北京第二外国语学院酒店管理学院党总支书记吴炜。

此外出席今天论坛的旅游创业家代表有：

今夜酒店特价创始人任鑫；

"在路上"联合创始人浦明辉先生；

银河快车创始人伍鄱轲先生；

红河华天文化旅游董事长王伟先生；

南浔古镇管理委员会副主任周剑明先生；

驿家365酒店董事长兼总经理高树军先生。

让我们再次以热烈的掌声对以上嘉宾的莅临表示真诚的感谢。

现在我宣布首届旅游创业高峰论坛暨中国旅游创业家协会创业一周年庆典正式开幕，首先掌声有请北京第二外国语学院朱佩芬副校长致辞。

朱佩芬：尊敬的各位来宾，女士们，先生们，大家上午好。

在这春回大地、阳光明媚的上午，首先请允许我代表北京第二外国语学院的全体师生对各位嘉宾表示衷心的感谢以及热烈的欢迎。近年来，随着居民生活水平的不断提高，我国已经迎来了国民休闲时代，成为全球旅游市场规模最大、增速最快的市场。以2013年为例，我国出境游达到9819万人次，同比增长18%；国内旅游32.62亿人次，同比增长10.3%。旅游业因为产业链长，带动性强，已经成为国民经济的战略性产业。《中华人民共和国旅游法》的实施，我们深信中国旅游业在未来相当长的一段时间内，仍将保持良好的发展态势，以及平稳较快增长的发展格局。

今天是讲旅游和创业，所以，说一下旅游业。旅游业与金融、软件和网上书店一起并称为最适合在网上生长的四大行业，这个群体习惯于在淘宝上购物，随时挂着QQ，习惯买机票用去哪儿，订酒店用携程或者艺龙，吃饭用大众点评，习惯不时看微信，同时在公共平台上交流信息。这种习惯一定有助于消除旅游业信息不对称的现象，通过互联网找到最好的终端产品。全球和亚太地区调查报告表明，在线旅游增速将是整体旅游增速的3倍以上。2013年12月份，我参加了一个旅游信息化的培训，去的是美国的奥来多，里边有哈利波特等，他们有一群很好的线上线下推广，给我留下了很深的印象。所以旅游业互联网将成为必然的趋势，这为旅游企业的创新创业发展提供了极大的潜力。

今天论坛里有很多旅游互联网企业代表。过去的这些年，他们充分显示了对市场的敏锐观察力以及优异的产品设计能力，获得了旅游者的认可和喜爱。同时在座还有很多创业者，一定有很多经验值得大家学习。我期待大家在创业的论坛上给予充分的分享。

二外是在敬爱的周恩来总理的亲切关怀下于1964年创立的，这是一所文管经法协调发展的著名特色大学。从1979年开办酒店管理专业以来，致力于推动旅游教育的发展，是中国旅游教学与研究的重要基地。在过去的几十年里，二外为社会输送了大量的酒店和旅游专业人才，他们活跃在各个领域，为我国的旅游产业发展做出了重要的贡献。二外第一次党代会提出一个国际化有特色的办学宗旨，要引领中国旅游产业的发展。所以创业和创新不仅对旅游企业极其重要，二外也将培养大学生的创业创新意识，作为一项不可推卸的紧迫的任务。

近年来大学毕业生怎么去就业？它是通过一种竞争的方式，假如我们的学生具有创新创业的能力，必然会受到企业的青睐。所以这样也决定了大学生创业期间要注重创新创业能力的培养，因此创新型人才培养模式研究，在当下就非常重要。创新是一个国家的灵魂，也是一个国家发展的标志，其实也是一个生存之道，所以这次论坛为二外的旅游教育创新创业人才的培养，提供了一个重要的启示。

今年的10月24日，是二外建校50周年，这次活动也是建校50年庆典的系列活动之一。这次活动成功的举办，必将为二外旅游学科的持续发展产生重要影响。

各位来宾，尽管连日来北京的天空受到雾霾影响，而变得如此迷离，但是此时此刻我们的信念是如此的坚定。我们深信孕育着大量创业契机的中国旅游业的未来，必将是一片洁净的蓝天。最后祝论坛圆满成功，谢谢大家。

男主持：下面有请中国旅游创业家协会会长张德欣先生致辞，大家欢迎。

张德欣：尊敬的各位领导、各位嘉宾，各位朋友，我很高兴与大家相聚在这里，与创业走到一起，共同来迎接这个新时代、新梦想和新旅游。

中国旅游创业家协会自2012年9月份创立以来，本着为旅游创业者提供智力、资源和资本支持的理念，吸纳了近百家优秀的旅游创业公司，举办了70多场活动，聚集了近300家各地强势旅行社，以及众多的媒体资源和达人资源，初步搭建起了共享资源、共同成长的旅游O2O生态圈，让大家从中得到了或多或少的收益。我们脚踏实地、实实在在为大家做的事情，使中国旅游创业家协会这个平台得到了产学研等各界朋友的认可和支持，这对我们是很大的激励，也是我们能够坚持向前的动力。我们的团队为此感到骄傲和自豪，并从中看到了自己的价值和未来的发展方向。

中国旅游创业家协会不仅是线上旅游创业者的平台，也是线下从业者获得新知、赢得合作、寻求机会的平台。连接线上和线下，打通产业链条，最终建成旅游全产业链生态圈，是我们最终的目的，我们也将一直为此而努力奋斗。

物美原董事长吴坚忠曾经说过，帮助他人成功，才是最大的成功。我对此深表赞同。协会就是要帮助创业者们加快速度，让大家离成功走得更近一些，更快一些，和大家一起去创造成功。科技改变生活，创业能否改变未来？秦宇教授讲过，创业是探索未知，通过不断拓展已知边界的范畴，创新和创业改变着人类的进程，在这方面创业者的作用甚至超过帝王将相，创业者通过创办实业去实现自己的梦想，这个梦想是什么？就是让这个世界不一样。每个创业者不管他最终是否能够成功，都值得我们尊敬。

取势、明道、优术，一切皆有可能。在这个创业的大时代，每个人的梦想都可能实现；在这个喧嚣的大时代，每个人都可能成为世界的主角；在这个剧变的大时代，每个人都有可能成为时代英雄。心有多大，舞台就有多大。让我们怀揣理想的火种，远望远处的高山，倒净鞋里的沙子，系紧鞋带，背起行囊，向着梦想前进、前进、向前进！

最后，感谢中国旅游研究院和北京第二外国语学院的各位领导和同人，感谢莅临本次论坛的各位嘉宾，感谢在座的和一直关心关注支持旅游创业家协会的各位朋友，谢谢大家。

男主持：请张会长留步。下面由张德欣代表中国旅游创业家协会，以及二外校友束菊萍女士和中国旅游创业家协会秘书长温婧女士，代表二外毕业生向北京第二外国语学院赠送50周年校庆礼物。

感谢中国旅游创业家协会对我校50周年校庆的美好祝福，下面将进行北京第二外国语学院与中国旅游创业家协会战略合作签约仪式，有请协会张会长，二外旅游管理学院殷敏书记和二外酒店管理学院谷慧敏院长。

我的主持就到此为止，接下来的环节由佰程旅行网段总和酒店管理学院王俞博士主持。

二、研究报告发布

男主持：大家好，下面一个环节由我和我的搭档为大家主持接下来的议程，我是佰程旅游网 COO 段冬东。

女主持：大家好，我是二外酒店管理学院教师王俞。

男主持：今天是创业家协会的活动，同时以创新的方式跟大家做分享，所以请大家看我们右手的大屏幕，上面显示的是微信，希望大家通过微信的方式关注今天的活动。

下面有请二外酒店管理学院秦宇教授和李彬博士为大家汇报《2013 中国旅游企业创新创业年度报告》。

秦宇：各位来宾，大家上午好。

很高兴今天能够有这样一个机会跟大家分享今年的中国旅游企业创新创业报告。我的同事李彬博士还会介绍报告里面一些具体内容。

以下我花一点时间说下自己对旅游和创新创业的理解，我今天讲三个关键词。

第一个关键词是"探索未知"。PPT 中的图片是在火星表面行走的轨迹，从某种意义上来说，这个火星车它是第一位到访火星的旅游者。我们都知道创新创业的意义，创新创业改变了人类的命运及其历程，同样旅游的本质也是探索未知。人类历史上没有任何一种活动能够像旅游活动一样，以一种和平的自发的方式去探索自然、探索文化、探索人类社会，这是第一个关键词。

第二个关键词是"促进对话"。旅游推动着任何自然之间，人和人之间的对话，最后是旅游者自己和自己的对话。因为在我们惯常的生活环境里面，这种对话往往被世俗和愚昧阻碍了。创新创业也是一种对话，这种对话发生在创业者和顾客之间，创业者和他的员工之间，创业者和投资者之间，最后也发生于创业者和创业者自己之间的对话。这些对话最终也将会聚成我们对自身价值的更深层次的思考。刚才戴院长在演讲的时候也提到了这一点，我想不管是旅游者也好，还是创业者也好，只要是不断经历着自己与自己对话的人，都会越来越自信，越来越宽容，越来越通达，也越来越智慧，这个是创业成功很重要的保证。

第三个关键词是"创造美好的生活"。创新创业可以让人们吃到可口的饭菜，穿上好看的衣服，听到美妙的音乐。人们可以通过创新创业活动去享受美好的生活，可以看上面这个图片是最新的3D打印技术打印的一个只有人的手指头大的一个糖果。但是有一个趋势就是随着技术持续的进化，效率被推向极致。总有一天人类会失去发现美的能力，如果我们不能发现美，我们怎么能享受美？保持对美的敏感，从这一点说，旅游创新创业者的责任重大，因为他们可以让我们去发现世界的美，发现中国的美，发现自己内心世界的美。

以上三个关键词是旅游和创新创业的三个共同之处，同样这也是我们这个报告里面，要强调的一些关键词。如同第一次出远门去旅游，或者第一次做创业报告，待会儿李彬博士要介绍的这个报告，也充满了很多幼稚，也有很多不全面，甚至有很多错误，但是我们有一个目的，这个目的就是探索未知，去创造美好的生活，因为我们发现，旅游创业创新里面的研究还很少，有很多可以变得更美好的地方，有很多可以进一步沟通的地方，这也是我们对这个报告的一个期待，希望在座的各位对我们的报告多提出意见和建议，能够帮助我们更好地在今后的年份里面，不断地去完善、去提高这个报告，谢谢大家。

李彬：大家好，下面由我来跟大家分享一下我们的研究报告具体内容。

这个研究报告共分为四个部分：第一部分介绍我国旅游企业创新创业的背景。第二部分重点分析旅游企业创业的具体活动，包括投融资、产品创新、产品细分等。第三部分是对我国旅游企业创新创业发展提出的一些对策建议。第四部分是重点给出了最近两三年快速成长起来的16家具有代表性的旅游创新创业企业。最后我们通过大事记方法，给出了我国旅游企业创业发展的一个简史，并统计出了2013年国外旅游创业事件以及2013年国内旅游创业的大事件。

首先介绍一下旅游企业创业创新的背景。正如著名的经济学家熊彼特曾经说过的，破坏性创新是经济发展的根本的动力。同样创业创新在旅游经济和旅游产业发展当中也同样具有重要的作用，它从产品创新、流程创新、管理创新等方面影响整个行业演进的路径和方向。这些创业创新从何而来？我想先引用小米科技雷军讲的一句话："在台风口一头猪都能够飞起来。"要找到最有可能是台风口的地方，就要做一头会借力的猪。引用这句话什么意思呢？正像刚才戴院长和朱校长提到的，只有生在这样一个时代，加上勇于承担风险和变革的企业家精神，才能够把创业推向更深的前方。总之，需求转变、技术变革和自由竞争这样三个方面共同的作用，旅游企业才能够有未来更多的创新创业的机会和平台。

另外从理论方面，我们也给出了旅游企业创业的可能性。其实旅游产业，从它的产品特征，如无形性、不可专利性等固有属性提出了旅游产业也可以有一些创新的做法，这个也在报告中有详细介绍。

既然创新创业的背景如此重要，那么中国旅游企业在创业创新方面做得怎么样呢？这是报告中一个重点分析内容。首先我们进行了创业投融资的分析。从投融资的角度来看，我们整理了2006年到2013年主要旅游企业创业创新融资的数据，发现从融资的次数、投资的产品类型以及投融资的总额等，都出现了较大变化。例如每家企业的融资次数较多，有的企业甚至得到了两轮、三轮甚至五轮的投资。从投资的产品细分情况来看，从2011年起特别是2012年出现了更多对于旅游APP类企业的投资。从投资主体来看，从原有的只有几家风投这样的单一投资主体的进入，到现在的创投、天使基金以及其他行业的投资企业的进入，显示出投资更加多元化。从总额来看，虽然全国创投在2012年出现了下滑，但在2013年开始出现了恢复，这也显示出资本市场对我们这样一个行业依然是青睐的。

从产品细分以及商业模式、产品创新来看，主要趋势是产品创新正在走向细分化和多元化阶段。以移动互联网为代表的企业正在出现新的变化，创新时尚、精益创业、跨界整合和平台战略这些新时代的关键词也显示出创业者对未来的创业以及旅游大环境展现出一种较好的预期和判断。当然在旅游企业创新和创业过程中也存在着诸多问题，包括同质化和扎堆的现象、盲目地对技术的崇拜和无底线的抄袭都阻碍了商业模式和产品创新的步伐。同时传统旅游业的做法和固有思维，仍然对创业者是一个重大的挑战，目前尚未出现影响较大、具有颠覆整个行业惯例的做法和企业，这个也是我们未来要持续关注的。特别是现在众多企业还处在创业的初期，未来会在管理上如治理结构、人力资源管理，市场营销等方面存在各种困难和挑战，所以这些方面希望旅游企业还要持续关注。

下一个部分介绍对策和建议。这里首先引用一句最近具有变革精神的著名民营企业华为的董事长任正非对于移动互联网大势的看法。他说，要用"乌龟的精神追上龙飞船"。意思是说，一方面不要对这种技术带来的创新过于冲动，要冷静地分析，少安毋躁；但另一方面要拥抱这种变革，而不是抗拒，要具有一种持续创新的能力。所以对于广大的中小旅游企业,特别是创业企业来说,这一点尤为重要,要顺势而为,借势造势。第二个方面是未来的领袖级的创业企业应该是什么样的?习近平主席最近提到的"治理结构创新",其实是和电商企业创业当中经常提到的一个词"平台"相联系的。从互联网发展的这几十年历史看来,抓住平台战略这样的思想,进行开源开放、自由和共享的商业模式创新的企业,最终都在竞争中脱颖而出。例如从最早的明星企业像太阳公司和微软进行的竞争,包括微博和微信的竞争,都显示出了平台战略的重要作用。

企业不是孤立的,需要站在平台的战略高度,对顶层设计和治理结构重新进行考虑。比如我们在报告中提出可以建立一些联盟、一些平台,正如旅游创业家协会张会长建立的关注旅游创新创业的平台。其实这个创业平台本身也是在创业,包括新的酒店管理学院和旅游管理学院现在也在创业阶段。我想,几家正在创业的机构在一起所组成的平台一定能够擦出火花。

第三个方面是要有颠覆的创新思维。要基于科学试错的方法,随时准备变化,以不变应万变,拥抱变革,这样变革才会容纳你。

第四部分我们精心挑选了最近几年受关注的16家创新创业企业,对他们的各个方面的优秀实践做了一个全面的总结,期待更多的优秀企业和优秀的实践出现。

本报告是集体智慧的结晶,感谢今夜酒店特价以及面包旅行等企业对我们的支持,感谢中国旅游创业家协会的支持,感谢酒店管理学院的同人对我们这个报告提供的智力支持,最后感谢展敏、江国冬、李响等同学,在收集资料、文稿校对等方面的努力。我们坚信,只要心怀理想、脚踏实地,中国旅游业的未来必然属于今天的创业者们。在这样一个历史机遇期,能够以"年度报告"的方式记录中国旅游企业创新创业的历程,是我们的骄傲,更是我们的责任。我们愿意与旅游创业者们一路同行。

谢谢大家。

男主持:非常感谢两位老师同大家分享《2013中国旅游企业创新创业年度报告》。大家如果有任何感兴趣的问题,可以微博分享。

三、主题演讲

女主持：大家是不是都像我一样，每次出行的时候都会想要找到那种价格又合适、品位又非常高的酒店呢？有这样一款酒店的软件可以帮到大家，各位听说过今夜酒店特价 APP 吗？举手的人很多，看来我就不需要过多介绍了。这款软件非常受欢迎，原因就是它在每天的 6 点之后，可以以网络价格的半价，为装有 APP 的用户提供酒店住宿的选择，它曾经获得了很多奖项。这个网站今年的 2014 年 1 月被京东收购，其创始人任鑫以行业颠覆形象者的形象进入了在线旅游市场，曾经荣获了《第一财经》评选的"中国商业创始人 50 人"之一的殊荣，入选为福布斯评选的 2012 年中国 30 位 30 岁以下的创业者，今夜酒店特价 APP 也获得了商业 APEC 组织等中国好产品的大奖。大家是不是想要借此机会认识一下任总呢？

男主持：下面有请任总跟大家分享一下"互联网究竟改变了什么"。

任鑫：大家好，我叫任鑫，来自今夜酒店特价，刚刚的介绍我非常不好意思，也不知道怎么开始今天的演讲。

昨天在微博上看到一个段子，大家在讨论什么叫竞争对手。这个问题很奇怪，大家讨论的其实是一个非常具体的事情，就是广播电台。其实它在电视出现以后，尤其是在网络出现以后，大家一直在说谁会听这种东西，电视出现以后，广播电台可能就要死掉了，但是没有死。后来说可能是因为大家想要听音乐吧，因为有的时候不方便看电视，便有了网络广播电视台，而现在广播电视台还是活得好好的，广播电台公司还越来越多，其中最大的一块受众就是开出租车的人，你上下班开车也要听。他听广播电台的好处就是不仅仅他在听，出租车上的乘客也被迫在听。现在微博上出现一个什么段子呢？给广播电台做广告的公司现在发现接单比较难了，因为他们说很多广告主他们自己会坐计程车，他们发现坐计程车的司机，听广播电台的越来越少了，这个越来越少的原因是他们在抢订单，他们在抢红包。以这种形势发展的话，所有的司机的注意力，包括乘客的注意力都变成了"我在三元桥我要去西单"这些话，而不是听广告和音乐了。

这个故事告诉我们,在现在这个奇怪的世界里面,我们会发现,一切竞争的门槛变得跟原来不太一样。这个不太一样的原因是什么?主要是因为原来在物理的世界里面,我们感觉到的是有门槛,但是有了互联网,至少在信息层面,信息层面被打通之后,就会造成实体世界的不均衡。我举一个更实体的例子:我开个饭店,以前开饭店是怎么开?比如我要在某个景区门口开个饭店,景区门口可能就有20个临街的门面,可能房租每个月20万,大家仔细想想这20万房租收的是什么钱?可能会是租这个房子的钱,是吗?其实不是,因为很有可能房子在旁边的小巷子,只值5万。这15万的差价是哪里来的?这15万的差价不是租房子的钱,这15万的差价是信息传递的费用。

互联网改变了什么呢?比如说以前大家不用互联网,那我走到景区怎么看?我就看哪家门面干净,然后看哪家吃的人多,看看装修是不是特别高级;现在走到景区门口我担心被宰,我拿大众点评看。按照这种逻辑的话,其实走到小巷子,原来在外面的那些店只要考虑跟19家的竞争,但是现在是互联网时代,他有可能突然面临30家的竞争,所以哪怕你做的是实体生意,但是信息被打通之后,你会发现这个世界莫名其妙地变成了从跟有限的竞争对手竞争,到跟一个我不知道在哪里的竞争对手竞争,主要是因为信息渠道被打通了。信息层不被打通,原来你做那边,我做这边,井水不犯河水,有什么关系?我说的是竞争关系。另外一块是合作关系可能会被打破。比如说我是旅行社的,有一个产品,可能会找一个分销商来帮我卖。我可能会有一些B2B的房间,但是现在大家会发现,你一上网就会发现淘宝网很多做酒店的,原来是合作关系,现在莫名其妙堆到一起,变成一个竞争关系,将来这种事情可能会越来越多,这就是将来的趋势,我们不知道这一天到底什么时候到来,但是将来的趋势一定看信息的对称性。

带来的第二个变化是什么?就是有特色的东西,小众的市场可以存在了。举一个淘宝网上的例子:淘宝网上有一个品牌叫裂帛,是大红花图案的少数民族衣服,可能大街上来过来一百个人,会有一个人看这种衣服,然后有0.1个人可能敢买来穿,所以说你在实体的世界这种生意是存在不了的,因为它太小众了,但是它放在互联网上就可以,互联网可以把所有的消费者都聚集在一起,互联网把这种门槛打破之后,它可以把长尾的需求聚集起来,支持一个鲜明的特点存在,这是我们感受到的第二个差别。

第三个差别是现在互联网带来一个很大的差别,就是让以前的线下的产品广告做得好一点，多赚一点钱。但是现在的世界很有可能就是变成你付出十分的努力，拿到一分的回报，为什么会是这样？以前我开饭店，20家饭店，这边有信息门槛，一共就只有20个门店在抢。比如说我到了厦门鼓浪屿，就一定要喝张三丰奶茶，一定要去赵小姐的店去看看，它的信息层面已经树立了那个优势，所以这个经济慢慢地就会从一个共产主义社会大家多少能分点，能够做得起这个生意的人不多（因为你要支付信息费用），变成一个撑的撑死、一个饿的饿死的世界。

再举个例子，以前没有PPT，没有互联网的时代，大家要听歌、听戏，无非就是自己所在的村子上有一个人唱，大家没有什么选择，没有什么信息传播的工具，物理条件被限制了。很多年以后，很多新兴的渠道出现了，比如像CD、磁带，这时候你会发现一个很有趣的事情，哪怕你买盗版的磁带，国家京剧院的一个名角的磁带，和你们村子那个人的磁带，都卖一样的价钱，所以就变成一个撑的撑死、饿的饿死的世界。

信息不对称后，会打破原有的竞争关系，会让有特色的东西，让长尾的东西聚集前来，变成更有特色的支持。你在某一方面让某一些人非常爽了，他给你的回报会大于让所有人平均的爽。在这个前提之下，我们当时考虑，如果要顺应互联网的趋势创业，我们就不能在什么方面都做得一般，做得一般，就没有饭吃。这不像传统做法，在路边开个饭店，可能会亏本，但是只要开了，基本上会有一两个客人，可能会多亏一点少赚一点，但是在互联网上什么事情都做，做一般的话，就等于什么都没做。后来我就想单点突破，比如说我的酒店覆盖是60分，携程是90分；服务方面，我是70分，携程是90分；在产品选择性方面我是60分，携程是90分，所以我只能去谈尾货，在这方面做出特色，让一部分客户记住我。所以当时的思路就是说，我只要专注于一个点，把这个点做到极致就可以了。

其实我们的不足是因为我们的极致还是不够，很有可能携程卖100块，我们现在只能卖80块，但是用户不仅拿携程跟我比，也拿去哪儿跟我们比，这样不用我们怎么宣传，自然就会宣传出去。

在这种情况下，我后来反思，打价格战，那是打不过的。能不能全部做到零秒确认？你说携程不能做到，那我怎么能做到？做不到，如果我做，很有可能10个人里有9个人会觉得不爽，觉得我的酒店太少。我们觉得伤其十指不如断其一指，于是今夜特价酒店就变成了20家店当中的一个，我们在大众点评还不在首页，我们什么方面都不一样，因为你是谁？一个横向是跟携程有点像的东西，没有任何地方比携程好，那我干吗要记住你？但是你没有任何地方特别，我不会介绍，所以又需要花一个广告费。再往极端讲，比如我可不可以不做这方面的生意，我只做同性恋的生意，再极端点，我只做男同性恋，女同性恋，但是这一个用户他有其他的选择吗？他没有其他的选择，他经自己的同性恋朋友介绍这款软件。但是我说我为一个特别小众的人群，这个也是他们看得见的，永远没有一个真正属于自己的用户群，所以从这个角度去想的话，互联网怎么改变我们值得深入思考。

男主持： 在路上是国内的第一款记录和分享并解决了旅游爱好者使用智能手机软件，可以通过在路上的APP的社会化平台分享和交友。下面这个环节交给浦明辉先生。

浦明辉： 今天带来分享的东西可能有点不一样，尽量不用太多的概念跟大家沟通。我讲我们的创业团队，在这两年当中的一些案例，跟大家分享。

我跟各位一样，也都是创业路上的创业者，我名字叫浦明辉，是在路上APP的联合创始人。

在路上的APP成立于2011年8月。我们是国内首款旅游分享的和记录的APP，之后出现了一些竞争对手和伙伴。让更多的旅游伙伴去分享自己的旅行过程，这是我们这两年最大的一个成功。

我们得到了两轮投资，一个是红点，一个是阿里巴巴。我们今年4月份会开新闻发布会宣布B轮的投资机构。作为一个创业团队，两年的时间过得非常快，并且处在创业初期的一个痛点，资源有限，人脉关系有限，怎么做品牌，怎么做市场推广，是一件非常需要机智，也需要智慧的一件事情。我们在初期，遇到的困难和大家是一样的，我们的一个策略就是和品牌合作，然后抱品牌大腿，利用高端品牌给我们做一个自己品牌上的背书，现在与大家分享一些在过去两年当中比较有趣的案例。

第一个案例是去年5月份，可能各位有很多也参与过"在路上旅行家"分享会。这次活动是在路上成立一年多年来，积累的一些优质用户的集中展现，是想把我们的产品分享给大家。当时跟航空团队谈，一拍即合。但是也遇到一些困难，虽然得到了汉莎的青睐，但是作为一个创业一年多的创业公司，怎么去和世界500强的国际性的航空巨头来合作，这是非常需要解决的问题。当时梳理了一下我们的优势和机会。作为一个创业团队，我们迫不及待地想把自己拔高，想告诉他们，我们聚集了很多高质量的用户，有很多"高大上"的内容，但是发现他们的反馈不是特别 high，很平淡，我们觉得这当中肯定有问题。原来汉莎认为，在一线城市汉莎的推广到头了，他们的诉求是什么？二三四线的土豪。我们公司的数据是非常发散的，很简单，我们把二三四线的活跃度调出来，吸引了他们的关注，所以早期的谈判，要能够及时发现合作伙伴的真正诉求，找到对应的一些内容给他们，这是我们的一个小心得。我们通过这次发布会，也整合了非常多的行业人群。整个产业链的聚合，对汉莎品牌推广也非常有价值。这次发布会上，我们得到了汉莎的认可。作为一个创业团队来聚合行业资源，需要跟在座各位合作，希望以后有更多行业伙伴加入到我们队伍中来。

第三点，作为一个国际知名品牌，汉莎对各种品牌的推广方式都尝试过。当时我们这个活动，有非常多的亮点。譬如签到的时候，每个人发一个纸飞机，上面写上自己的名字，发布会结束时，大家一起把飞机投向航模，离机模最近的这个纸飞机，就可以得到当天的大奖，最后整个分享会议现场显得非常 high，这也是品牌现场活动非常需要的元素，也是国际企业看中的亮点。

同时我们通过网页上的展示，通过留言和我们的用户数量，衬托出汉莎 A380 的所有的优势和特点，第二个 PK 获胜者进入商务舱，所以把整个 A380 机型的宽敞的特点展露得非常透彻，达到了非常好的效果。

这是我们去年比较成功的一个合作案例。通过这个案例，我们吸引了更多的国际品牌的关注。和汉莎合作一个月之后，吉普的公关公司找到我们，希望能跟我们合作。我们分析了他们的诉求，他们的诉求相对简单一点，但是难度很高，因为它的诉求更加实际，就是能够有到达实体店进行试驾的报名用户。我们分析了这个难点，解决的方案就是用强大的资源来刺激用户的需求，我们做了将近 10 倍的达标。是怎么做到的？旅行用户很需要一些装备，我们联系到了 UTC 的箱包，提供定制款的旅游产品的包装和赠送，通过他们提供的产品，我们又换取了吉普更多的资源。当时我们聚集了很多品牌，告诉他们我们可以帮你们做推广，可以把你们的产品作为奖品推广。吉普公司最后除了对这些用户奖励之外，还给了试驾车，十几万 EDM 的推广，以及门店的医疗保证。这也是我们一个非常成功的案例。

与吉普合作之后，我们也接触了非常多的合作项目。之后，我们也在想我们的用户人群，是应该有更多的扩散，当时是在 10 月、11 月份的时候，是在高校人群，正好是一个校招季，所以我们想怎么用一个好的机会切入到校招的团队里面去。当时我们就打着校招的旗号进入学校进行推广。大家知道作为一个创业品牌进入学校，其实有很多难点，有很多学生对你不了解，学生的旅游频次相对来讲不是特别高，而且去的目的地相对更加周边一点，所以当时我们也整合了很多的资源，并且做了很多针对学生以及学校地域人群的一些方式，去操作这个案例。在路上的团队只有30%左右来自交大，技术团队全部是交大的毕业生。当时我们打出一个口号："团队叫师兄请你帮帮忙"，这个海报铺满了交大校园。同时我们也整合了非常好的奖品，来推广给这些学校的用户，每个学校会有一次宣讲会，每次宣讲会我们都会送出价值1万2的游轮大奖。这个大奖有点出乎我们预料的是三个游轮大奖只有一个学生去了，另外两个学生都没有去，原因是一个学生说要考试，另外一个说我们是骗子。当时我们就获得了一个教训，就是这个奖品虽然高大上，但是不同的人有不同的解读，反而我们送出了很多小音箱、读卡器，还有一些工业方面的书倒非常受欢迎。

我这里提到的第二点，毫无原则地接地气，当时做了这么一个设计，大家看到当中这张照片，是我们当时在学校布的点，都有一个大背景板。这个背景板上是一个世界地图。这些背景板放在食堂门口，人气最聚集的地方，但是我们忽略了一点，很多学生特别是中午饥肠辘辘的学生，直接头也不回地扎到食堂里面吃饭。怎么把学生拦下来呢？我们做了一场之后就想了个办法，提供擦车服务。开车的都需要洗车，骑自行车的也需要擦车，当时我们就请了修车的师傅拦学生，帮学生擦车，这是一个很新奇的服务，也是很有实际作用的服务。是针对不同封闭的地域做一些特定的营销。

现在的高校普遍都在郊区，并以大学城的形式出现。当时我们在三个点做校园的推广和营销的同时，把海报发到周围的几个学校，并在宣讲过程当中不停发送抽奖卡，扫描微信，吸引尽可能多的用户关注及分享，最终集合到当天晚上的分享会，取得了比较有实效的效果。

在大概两个礼拜的校招推广期间，从线上到线下我们总共收到了3000多份简历，其中有100多个学生获得了面试的机会，都是非常有价值的学生。所以校招是有效整合的营销方式，有非常多的底可以深入地去挖，这也是我们在营销当中得到的一个心得：针对封闭的人群采取专门针对性的措施。除了校招这一块，普通的常规性的旅游用户也是我们非常看中的，我们在赞助商平台里面，用两年多时间，聚集了非常多的旅行达人和优质的旅行用户。当时我们有一个想法，把这些用户的优质内容和人的本身进行包装，推广出去，我们首先想到的是在杂志和平面媒体上推广，因为我们是做互联网的，互联网其实是对优质信息品牌的补充，不如干脆我们自己做一份杂志。我们的杂志以什么方式呈现呢？我们通过和专业的团队的合作，我们有各种不同栏目的设计，大家看到我们的封面有各种模式去筛选，最后选定了今天在各位的礼品袋中所能看到的我们赞助商的杂志，我讲的东西大家可以看我们出的杂志。

  传播的渠道怎么去做？因为《孤独星球》这本杂志的特点是在全国有一个非常完善的书报亭的传播体系，所以我们很荣幸地也抱了他们的大腿，搭上了他们的车，在书报亭里面把我们的杂志铺天盖地铺开。第一期我们做华北地区，达到了5万多册，跟"高大上"的杂志的捆绑也是我多年的梦想。单单这些我觉得还是不够，因为大家都知道有一种说法，平面媒体可能已经到了一个门槛到了一个生死关头，它的生存能力可能是非常有限，其实我们觉得只要找到一个好的方法，和平面媒体和互联网桥接起来，很多事情都有一个更好的呈现。桥接方式是什么？非常简单，通过微信，大家知道有二维码，扫描二维码以后，就可以进入到赞助商 APP 页面，有一个更加详细的展示，这让看杂志看得意犹未尽的用户得到一个更进一步的了解，当他对这个内容更感兴趣以后，进一步再去下载我们的 APP，就形成了从内容到出版到移动端的闭环。我们1月份推出杂志以后，到2月份统计，二维码的扫描量达到了2万多次，所以这是一个既得到品牌，又得到实效的一次传播方案。

  到这里还没有完，因为我们还考虑到要做一个二次营销，因为杂志出现以后是在平面媒体或者线下出现，线上人群仍然是非常重要的用户，所以当我们传播出去之后，我们还在杂志上埋了一个小彩蛋，在这么多的二维码里面，其中有几个二维码扫描以后，进入抽奖页面。

  在第三阶段我们还会进行这本杂志的电子版的发送，整个杂志做三到四轮的营销，这也是我们的一个营销。一件事情尽可能发挥它的力量，尽可能做更多的传播。

  以上四个案例就是今天跟大家的分享，也希望今后有机会能与旅游行业的同学和同人进行深入的合作，大家一起来做我们更好的传播，也希望大家推动创业家协会，能得到更好的发展和进步，谢谢大家。

  男主持：非常感谢明辉的分享，我想大家遇到自己可以奋不顾身的爱情的时候，开始一个"说走就走"旅行的时候，大家别忘了用在路上分享我们每一个在路上的发现。

女主持：我们确实可以提供这样奋不顾身的爱情旅途，在路上的时候要有交通工具，下面我要给大家介绍一个非常酷的名字，那就是银河快车。大家有没有知道的？银河快车这四个字，它给大家一个幻想的感觉，而且这个幻想充满了神秘感。银河快车确实像大家所说的，是一个提供大巴短途旅行的公司，这个公司的广告词就是"年轻人的微旅行"。它的创始人是伍鄩轲先生。

伍鄩轲：今天有这个机会，特别感谢银河快车的团队和伙伴，我想借今天这个机会，跟大家分享一下。

首先，创业的过程其实很苦逼，我是1978年出生的，这是创业过程中一个特点，没有成功的光环，跟投资人谈判的时候就会觉得你out了，我觉得我已经out了。我今年是本命年，但是我们的小伙伴不out。我们这个团队是低于25岁的年轻人。我今年跟大家说，可能银河快车这个团队，创始人、合伙人将来可能不一定能成为海贼王的，但是未来这个团队当中的人有人会成为海贼王。就像大家看到的日本的动漫，对我们来讲，我们也是这个动漫的原始粉丝，在创业的过程中，刚开始的时候会被我们所想象中的美好的前景、梦想所诱惑，义无反顾地投入进去，但是现实是很残酷的。去年有一部电影是《中国合伙人》，最后大家看到一个光辉灿烂的结束，但是我相信95%的团队是失败的，所以我很感慨，如果我能再年轻十年的话，我相信我也觉得很高兴，但是的确来讲感觉自己有点年纪大了。在创业过程中，有时候会遇到的一个很重要的问题，很多时候大家觉得商业项目少，其实我觉得首先是创业团队，是你这个领导。压力99%都在第一创始人身上，为什么呢？因为在那个过程中，我觉得其实我还听不懂什么叫互联网极致的思维方式，甚至于互联网的营销方式。我们刚开始做这个银河快车就定位是"年轻的微旅行"，因为我们从自己的想象里面看到。短途的巴士旅行是一个交互，一个社交的载体，大家可以通过一个短途的旅行，能够让游客在周边旅行，得到一个社交的机会，很时尚。但是在现实做的时候，刚开始做B2C，旅游行业的利润是非常薄的，很快就烧完了几个合伙人投资的几十万。在这个做的过程中发现有问题，为什么我们的客户会流失？是先做客户体验，但是客户体会完之后会发现，你名不副实，所以我们就想，要解决这个质量问题的话，就全部轻装上阵，做的过程中我们也挺有感慨，和传统旅行社相比，你们给我们一些小吃，你们有人帮我们接站，能玩四个小时你就让我们玩四个小时。因为这样的话，我们就开始给我们的深圳的销售端口提供简便的服务，往下一直走下去。这种转变的过程，其实在互联网里面，明显是迭代和集聚的优化的概念。当然在这个过程中会发现，我们团队没有一个是做旅游出身的，也没有经验丰富的，那我们怎么把效率提高？所以我们的技术团队就参考了各种同行，拜访了很多前辈，待会儿我会用几分钟把我们优化的结果，给大家做一个展示。但是我想说这个是什么呢？其实在互联网里面，最近我刚刚看了杀鸡要用牛刀这句话，是小米的雷军在采访的时候说的，要用力做一点小事情，把这个小事情做到极致就好了。我们是很传统的，我们能否不断地创新。下面介绍我们的工具。

我们在做这些过程中，基本上没有太多对原来的参照，我们不断拜访游戏公司的制作团队，拜访纯线上的团队，去了解一些用户体验和感受。传统服务里面，大家都比较关注的营销服务和感受服务，很少有人关注运作服务，如何高效率进行，虽然大家都了解一些工具，但是这类工具确实跟我们当时第一版的操作界面是一样的，这个界面就是我们最早的页面。其实外行看不懂，所以也受到了很多制约。

我们去年一年大概只用了 3.5 个人做到了 8.5 万人次的服务，包括各种操作和运作，整个人员结构没有一个是传统出身的。我们的伙伴都是去年才招进来的年轻人，另外我们 0.5 个人是因为只有半个财务，我们整个公司只有一个兼职财务，在操作过程真正全职的就只有两位同事。这个是我们自己不断在优化团队，贴着业务本身做的工具。传统分成这样几个结构，这里就不做介绍。主要看一下我们的界面，我们把所有的旅游的生产环节进一步细分，拆解成各种各样的小模型，让它更细分。如果兼职员工的操作，他其实只关心操作界面的报名，很简单地去操作，其实学习成本很低，我们认为一般三天他就能给到客户标准的服务了。我们的东西看起来不像是一个行业内的工具，更像一个游戏界面，这个也多亏了一个很好的做游戏的大牛的朋友给我们指点，让我们的工作更愉快。

现在的传统旅行服务，缺乏可视化的服务。其实你的服务之后，往往不知道你的客人在哪儿，事实上来讲这是很容易做到，比如我的父母今天出去旅行了，我不用打电话问导游。

这些在传统业内还是起步的阶段，但是我们在业内也没有看到太多的样板，只能跟着互联网团队借鉴，所以还是一个初期的阶段。我们的确是一只脚踏在船头，一只脚踏在互联网。在这里很幸运地遇到了中国旅游创业家协会，我们看到了很多专业团队和新兴团队从不同的视角尝试新的东西,这给了我们很大的信息和学习的机会。

其实在行业内做交流的时候,我经常会觉得跟互联网有些不同在于哪里?互联网的人恨不得很直接地把自己的经验分享跟大家,但是越开放,你的适应的力量就越快。以我的特性来讲,不太喜欢主动地宣讲,这一次是第一次,所以可能说的重点和方式,可能有些不太着边界,但是也很感谢,希望在后面的过程中,大家能够多吐槽我们银河快车,跟我们多分享一下。我把我们在创业过程中在业界的经验,跟大家做一下交流。

现在的中国旅游行业是一个大航海时代,也是一个冒险时代,有那么多过去卓越的企业也有很多新的企业,在扬帆远航,朝着自己的梦想,而且这个梦想是不可逆转的,因为我们处在一个很棒的时代。很多人说是互联网焦虑,其实我觉得应该是一个非常好的时机。银河快车生存期只有3个月,我不知道明年我还有没有机会跟大家分享,但是希望到明年我们能随着中国旅游创业家协会这个团队,能够再拿出更多的干货跟大家交流,谢谢。

女主持: 非常感谢伍总,也希望伍总今天给我们带来的干货,还有今天一整天峰会的老总给大家带来的干货,帮助大家挣更多的银子。

男主持: 细节重要,这个重要并不是说我们创建一个非常好的软件。下面这位嘉宾来自于红河华天文化旅游公司,他们是红河州政府旅游战略合作伙伴,拥有世界性建筑建水县景区的开发权和经营权。这个公司计划在未来五到十年,投入不低于10亿人民币,打造红河继大理、丽江之后的新的旅游胜地。这位是王伟,他的演讲题目是"移动互联网大潮下云南旅游的红河时代"。下面有请董事长王伟。

王伟: 谢谢大家。能够参加这么高级别的论坛非常高兴,非常激动。看到刚刚一个个上台的都是70后、80后,甚至90后。我算是一个老字派的了,60后,你们的讲解让我耳目一新。本来我的题目是"在移动互联网时代背景下,开启云南旅游的红河时代",但是看到这么多年轻的创业者们,我不敢枉谈互联网,只好改为"在二次创业的背景下,开始云南旅游的红河时代"。为什么这么说?我创业20多年了,现在还在创业路上。

首先我们看到的画面就是红河,展示给大家的大美景色。谈到红河的旅游,谈到云南的旅游,相当一部分人都相当熟悉。红河到底有什么?云南到底有什么?前一段时间微信上在晒我这个城市有什么,我那个省有什么的时候,我们只说两句话：当你们把所有的好处都说出来的时候，我21度，我们云南的气温永远都像春天一样。当东北、华北甚至首都，还有华东都在一片雾霾之下的时候，我只有一句话：我蓝天白云，我白云蓝天，这就是云南，这就是红河。我们希望在座的各位，旅游创业家协会的各位朋友，在座的各大旅行社、各大媒体关注云南，关注红河。

云南红河到底有什么呢？首先讲讲列入世界文化遗产的红河哈尼梯田。红河哈尼梯田去年6月刚刚列入世界文化遗产。通过红河哈尼梯田申遗成功，中国的世界遗产地数量增至45处，仅次于拥有48处世界遗产的意大利。红河遗产它不是天然的，它是几十万哈尼族人民，在1300多年的时间当中，通过聪明智慧，通过辛苦劳动，在大地上雕刻的一幅绝美的版画。首先我们看到的是最上层的森林；在森林下面有哈尼人民居住的村庄，在村庄的下层就是他们雕刻出来的梯田；梯田的水流到最底下变成江河；江河通过太阳的日照慢慢又升腾上来，升腾下来以后又回到森林变成云、变成雾。它是用森林、村庄、梯田和江河四处同构，形成了一个天然的自然的循环系统，这个循环系统成了哈尼梯田能够申报世界文化遗产最重要的东西，它是大自然的完美杰作和哈尼人民的巧夺天工相结合起来的一个完美的艺术品。

我现在再展示几个图片给大家看看，其实你们直接看到的东西，跟实际还有很大的差距。哈尼梯田的吸引力在哪里？它一年四季有不同的景色，而且每天每时都在变换色彩，它的魅力就在这里，这是给大家展示的哈尼梯田第一张名片。

第二，讲讲第二张名片，国家级历史文化名城，国家级重点风景名胜区——建水。作为边境小城，有1300多年的历史。它不像丽江那么嘈杂，那么喧嚣，充满商业气息，没有西双版纳的火热与躁动，而是用它长期的历史文化积淀，包容开放的发展胸怀，平民诗经的精神气质，默默地坚守着1300年继承下来的朴实、厚重、内敛与平和。每一座古庙，每一座古塔，每一座古桥、每一院古宅、每一棵古树，每一口古井，都承载着历朝历代的期许，寄托着无数人旧日的情怀。在这里，你会找到心灵的家园，而是的梦境；在这里，你能"看得见山，看得见水，记得住乡愁"。这里没有破坏，在这里一切都保留得很传统，它的传统不在于它用建筑语言把那些建筑形式固定下来，更重要的是它把生活方式都保留下来了。生活在建水的人民，原汁原味地保留着几百年甚至上千年的生活方式。当你去到那个地方的时候，你的心会真正地静下来。这是我要着重强调的。

第三,百年滇越铁路。百年滇越铁路是中国最早修建的铁路,这条铁路是法国人修的,当时为了掠夺红河的财富,修了这条铁路。这条铁路修建起来,一直承载着几百年现代工业文明发展的历史,同时也记载着那段沧桑和荣辱。它是殖民地的产物,但是它也把西方的文化通过这条铁路带进了红河。红河从一个非常偏僻、偏远的一个小城镇,变成了中国最早对外开放的前端。中国第一个海关在红河,非常有名气;火车现在还在运行,是一个活的文物。

现在高铁时速已达300多公里了,但滇越铁路小火车还用30公里的速度,慢慢地在讲述着过去的历史。当你乘上小火车的时候,会把时光带回过去。这条小铁路会给大家一个无限想象的空间,欢迎大家有机会去乘坐。

红河还有很多美食。云南著名的过桥米线发源地在红河,在蒙自。《舌尖上的中国》的烧豆腐也在红河。喜欢美食的嘉宾到红河、到云南去,吃了都久久不能忘怀。

总之,红河给人们展现的是完全不一样的景色,云南省委、省政府确定云南省旅游二次创业时,提出了开启云南省旅游的红河时代。我们相信,红河旅游将会超过大理,超过丽江,超过西双版纳,成为云南省旅游的新的亮点。

我热情地期待大家去红河。最后我用北京大学教授在去年云南省旅游峰会上的两句话做一个总结:暖洋洋的红河,懒洋洋的红河。暖洋洋的红河等着你,懒洋洋的红河欢迎你。我期待中国旅游创业家协会的所有嘉宾们和我们一起开创云南旅游的红河时代。

四、圆桌对话

板块一：移动互联网与旅游业的未来

男主持：关于移动互联网与旅游业务的未来，移动互联网对旅游业是助力还是破坏，是概念还是务实，它到底会给旅游业带来什么？下面有请嘉宾主持人沈卓立，嘉宾有张文龙先生、李宏教授、李媛媛、李世栋、安然。在座的都是移动互联网和互联网行业的从业者，今天我们探讨到底移动互联网和互联网给旅游业带来什么？

李宏：大家上午好，我是北京第二外国语学院旅游学院教师。我们的业务是培养未来的创业家。我曾经有一个研究生，他入学的时候说了一句话非常感动我，我就把他收下来了，他说将来毕业以后想去创业。他现在已经毕业了，毕业了之后我就一直在问他，你什么时候去创业？今天看到在座这么多年轻人，我想以后对我们的学生来说都是激励。我们上星期上课，整个年级的研究生都在，我说同学们应该来听听这个会议。

李媛媛：希望大家可以试一试，咱们多交流。

安然：大家好，我是互动阳光创始人安然，我们公司主要是为创业者服务的，是一个互联网技术实验公司。创业者有一个创业的梦想，我是来为创业家、创业企业实现梦想的。

李世栋：关于移动互联网，我们现在目前只是在客户端方面不断往前进，所以希望在一个目的地方面，能把我们自己设定的一些业务方向，包括能带给用户哪些具体的产品和服务，跟线上线下的合作伙伴进行更多的合作。在线旅游大家说的更多的是 OTA，更多的在线旅游产品。我们敢去做这块可能是因为我们都不是专业出身的，我们更希望用一些互联网和移动互联网的思维，去创造一些能让用户有更好体验的产品，希望大家多多支持我们，不管是微博、微信关注我们 E 地游，能下载 E 地游，也可以给我们更多的建议，帮助我们成长。

张文龙：大家好，我是周末去哪玩的文龙。我们是指导用户如何度过周末，指导用户如何在周边旅游，如何把产品挪到线上来卖。当然这个项目也烧了好多钱，也没有获得比较好的成果。现在随着移动互联网、微信产品的爆发，我们抓住了一些机会，现在也获得了一些忠实的用户。我们即将推出自己独立的APP，更好地指导用户度过周末，谢谢。

沈卓立：我们刚才听了前面几位创始人的演讲，我想请教，在座的各位创业者，你们是怎么看细分的切入点？当时怎么会想到这样一个切入点？你们来分析一下，你们当时是怎么想的？痛点在哪里？

张文龙：我从学校毕业之后就做了一些传统旅行社的事情，后来对在线旅游、旅游互联网比较感兴趣。我们在调研和考察中，发现一些特点：第一，从"五一"到"十一"这个期间，每个周五的下午以及周六的下午，北京的几条高速必堵无疑。第二，在旺季的时候想去一些旅游地，比如怀柔、密云，你不提前去定房很难找到住宿的度假村或酒店。我们在百度上搜索一些关键词，发现像北京的十渡住宿这一个词最高峰的时候达到10块钱的竞价，这些费用的背后，其实很多都是当地的农家乐，还有度假村、宾馆。发现一个是用户需求，另外是商户对于获取用户的途径，这两方面就能构建我们做事的方向。我们的团队认为，在这样的需求和对接的响应过程中，效应不是高效的，比如百度上投放关键字，包括在58上发发消息，效率不是很高，而且周边游又是效率比较高、决策比较快，就能决定去哪儿玩，所以我们目前更多的精力是在做移动端，让客户更方便，用手机就能指导周末去哪儿玩。

李世栋：我想跟大家分享一个我们做异地游的例子。大家在出游的过程当中，除了在OTA上采集信息，可能看了一些陌生的目的地很多攻略，一些信息，作为参考。可是到了目的地以后，对信息的判断和对信息的选择，包括如何实现，如何达到自己的需求，可能会面临更多的问题。因为我们都没做过旅游，验证花了非常多时间，也想过也去做过，但是很多东西都是在不断地思索当中，如何去实现我们设立的目标。我们最开始决定要做这个项目的时候，我们已走了十几个省，看到了很多，也接触了很多目的地的向导。我们是从向导的概念切入旅行地的服务。真正接触到他们，我觉得他们是非常可爱的一群人，觉得这群人比我们在座很多人都不容易，因为他们每年要接待几百人、上千人，偏偏他们做了一些不是他们这个"游"的事，而是在做"导"的事。我们的路线开通之后，我们目前去了两个城市，一个是丽江，一个是杭州，两个城市我们的试错方式是不同的。希望大家能出一些当地元素的一些产品，能让用户随时随地咨询一些当地的信息，能指导一些信息的，而且快速体验当地一些元素的服务，在产品当中不断体现出来。大家到丽江之后，希望用 E 地游，来获得不同的游玩体验。希望把你们的建议不断反馈给我们，让我们的产品更加完善，让我们的一个商业模式，可以辐射到更多的目的地当中，能给大家提供更多的目的地的服务。

安然：我们公司很简单。我们公司创立之初就发现互联网、移动互联网市场。有很多人有创业的想法和意向，但是他们找不到一个非常专业的团队帮他们把这种想法实现、落地。我们基于这个想法，支持了很多企业，帮助他们把想法落地。我们帮一家企业做了微酒店预订的平台，他们有想法，但是他们在微信上或者在移动互联网上缺乏技术能力，我们就可以很好地帮助实现。在座的几位嘉宾讲得非常好，像在路上、今夜酒店特价。他们创业的想法都是基于互联网，基于传统行业看不到的地方，一个非常小而极致的地方，他们创业成功了。很多人也同样有这样的想法，或者也有这样的机会，但是如果没有技术，他们可能没有办法把自己的想法很好地实现，很好地落地。如果找到一个专业的团队，可能事倍功半，甚至还会带来更多更好的发展的助力。我们是基于这样的想法。

沈卓立：安总是看到了很多没技术、有想法的人，安总这些的特点是在互联网和技术实现的，所以找到这样的机会切入进来。

李媛媛：在做"出门问问"这个产品之前，我们首先看到的是移动互联网时代的来临。我们认为这个时代有两个非常大的不一样的地方，首先是设备，大家都是在手机或者是在一些智能的设备上面跟机器交互，所以输入就变成一个非常非常大的问题了。在这么小的屏幕上面，怎么一点点把字打进去，或者说选项的时候，还得选哪个航班，哪个日期等，这样输入很不方便。我们认为应该是更自然的一种交互方式，取代传统的输入方式，那就是语音交互，语音是人类非常自然的交互。另外一块是输出，也就是在智能手机上面，屏幕这么小的情况下，如果找信息还是用百度，怎么做连接呢？基于这两点，我们在做"出门问问"的时候就用自然语言让机器去理解。

在移动互联网的时代，更新速度太快，显示也不太全的情况下，你不想把这些信息给找出来，所以往往在这个时候，人们最常用的一些新的需求就出现了，比如说我不是安安静静地在 PC 上搜索，从上海去北京，几点左右的火车，往往我是说离我最近这班的高铁是几点,还有没有位子;某一个航班有没有到,有没有晚点等信息,所以我们认为在做移动互联网的时候,首先输入输出非常不一样;第二,场景也非常不一样,所以"出门问问"是想用一种全新的输入方式,并且让机器能够理解用户的需求,从而满足用户的需求。

沈卓立:"出门问问"的好处就是说我们看到了我们生活中在移动这个特殊场景底下的一些特殊需求,然后把这个需求和技术结合起来。

李媛媛:对。

李宏:我除了是一个观察者、一个研究者之外,还是一个互联网的使用者。我有个智能手机,上面有很多捆绑的应用,现在浏览器上这些捆绑已经不见了,推出了网页版,甚至 APP 版。像我这个年龄段的用户,对它的需要其实并不是在旅游之前,而是在旅游的过程当中。2010 年,我们谈到移动互联网的应用,市场到底在哪儿,包括现在,有人说今年是移动互联网元年,说 APP 使用大范围爆发了,这种大爆发还有人用很悲观的调子来形容。昨天一条新闻,说有一位女士,低头看手机,掉到地铁轨道里了。微信现在普及率很高,实际上微信是腾讯的产品。客观地说,像我这样年纪的人,对腾讯的产品原来接触非常少。刚才我们校长自我发现的时候说挂着 QQ,这个事情我们一般不做,但是出了微信以后不得不做,比如今天开大会这个事情,在我们自己院里的微信群里面发布了,微信可能一大群上来了,大家对移动互联网有了热情以后,如果说要把一个小众的事做到极致,都是有机会的。每一个创业的人,如果做大众的话,比如还是互联网,是一个虚拟的,但是 O2O 落地后是免不了的,之前要花很多心思,像 Touch China,应该去了解一下自己的消费者,比如说像周末去哪儿,像我带着我的孩子去哪儿玩,类似于这种市场。包括老年人。我们有类似体验,两家人一起带着小孩开着车都找不着地方。

沈卓立:李院长说得非常有高度,也很接地气。移动互联网无论是微信还是 APP,它其实是一个工具,那么这个工具实际上带来一种可能性,有更多的在旅游当中的场景扩展开了。接下来谈一个比较尖锐一点的问题。前两天我都在桂林,旅行社行业人士很焦虑,作为在线行业,我觉得他们焦虑是没道理的。我想问问在座的创业者,移动互联网和旅行社结合的商业点在哪里?

张文龙:在 2011 年到 2012 年底,我们在做第一个周边游的项目的时候,其实很简单,把线下的产品拿到线上卖,从中赚取佣金、差价。我们在摸索了两年之后,觉得不容易。你的用户是在 PC 端,商户的产品有多少能够很标准化地放到线上来卖？商户的线下服务的利益又能比较不错，这个事情在中国的市场是困难的。

举个例子，产品用户体验不好，用户就给你很多吐槽，你所有的用户都指向你，这个对于我们来讲，确实是很苦恼的事情。因为周边游是一个比较散的方式，个体不是特别规范，不标准。围绕周边游这种领域，以佣金、差价的方式，除非你做得很重，拿很大的资金去包销，去控制资源，否则以互联网的方式、规模化的方式来做，貌似行不通。我们现在的切入点，更多的是围绕周边游的用户端来做，我们先是让用户在周末如何更好地去玩，找到他相应的商家。比如亲子游，给他找到很好玩的亲子游的山区，像情侣游、自驾游等。这也是一个探索的过程，我觉得未来的商业模式，一定是把用户导到我们线下的商家，从商家那儿赚取固定的费用，或是按人流收费，这是探索的过程。在过去的几个月时间里，我们对山区也做了一些尝试，山区很多商家也愿意接受移动互联网。现在我们的平台上有这样一个主页，周边哪儿有好玩的都能看到，这个商业模式是可以探索的。

李世栋：大家在本地的时候，用手机比较多，在陌生的目的地时，很难找到最合适的信息，而且也很难真正获取当地的信息。我们当初做E地游的时候，也设想过很多模式，包括佣金，包括商家返点、商家推广、第三方的合作，其实不管是什么样的合作方式，做移动互联网比互联网更难做，因为你要到线下去，如何让线下的合作伙伴更好地去创造出用户喜欢的产品，不管是APP还是微信、web端，更多的是如何建立移动互联网体系，告诉我们的线下合作伙伴，去创造出更多的用户，希望在即时实现的一些产品。移动互联网带给人们的更多的就是快速、即时，可以很快得到自己需求的满足。如何去建立起自己的体系和产品的用户体验，是要不断地去验证的。

沈卓立：从E地游的模式来讲，是要控制服务质量，这方面E地游是怎么做的？

李世栋：我希望换一个不同的概念，认识一个不同的目的地的旅游方式。我不希望用什么向导、导游、达人，因为大家听得太多。我们在丽江第一批上线72个袋鼠，我们手里有四五百个，但是筛选下来是72个上线。通过这些线下袋鼠，创造一些当地特色产品，让游客更好地体验。袋鼠的安全性，一是服务标准，二是安全，是如何能让用户更好体验服务。我们目前上线的所有袋鼠，首先有一个合约机制，是签约的，第二是我们全部都面试过。我们在当地有一个三个人的运营团队，不断地从服务的体验，和用户沟通，不断地帮助他们，走入我们的一套体系上来。我们不是说一下要上很多人，我们先让这72个袋鼠吃饱。

沈卓立：从中可以看到旅游的服务环节比较多，它是比较常见的，我们需要给用户带来非常好的体验。实际上你需要打通很多的环节，你属于提供端到端的服务，非常有挑战意义。

安然：刚才我听李总说他们公司信息系统还没有完善，导致很多业务没有开展好，其实可以找一些靠谱的公司来做。

很多人手机上都装了APP应用，但是很多人只用六七个，而且旅游又属于小众，需求有但是非刚需，不是天天都要用一个工具，这使它的使用率相对来说是无法竞争的。我们认为APP必须要轻便，一定要做得很小，或者说你要做H5的应用，走向各个移动互联网的平台。现在看这个趋势，之前是微博，现在是微信，一定要好好利用微信平台，这是个非常天然、良好的可以叫轻APP应用的大平台。移动互联网还有一个通性，作为一个APP或者作为一个应用来说，只自己玩是不够的，还得要和其他的平台打通，这样才能让信息更好地通过用户向他的朋友圈、向其他用户扩散，这样才能带来更好更多的用户。还有一个移动互联网的特点，是细，移动互联网很快，一个好名声不一定能传得出去。我们一定要做细，要重视每个客户的需求，重视每个客户的口碑，

沈卓立：安总的公司跟我们有一些区别，其他几家公司都是为C端客户服务的，安总是最踏实的，因为他是为B端客户服务的，他是有很健康的收入的。在这方面您怎么看？C客户和B客户企业的发展？

安然：我们也能通过他们来接触一些C端的想法，同时把这些想法和经验带给更多的创业家。

沈卓立：安总就是著名故事当中金矿边上那个卖铲子的。

李媛媛：咱们谈到商业模式这块，其实互联网特别是移动互联网方面，像"出门问问"我们是想做平台，在平台上，首先第一点要做到用户体验，把整个平台的构建，包括技术，能够带来的服务足够好，整个用户体验足够好，在用户足够多的时候，会有几大类的商业模式。平台可能会有分销这样一块，"出门问问"本身是一个搜索引擎，并不自己产生内容，比如说当用户问周末天气真好去哪儿玩的时候，这时候我们就会向这些需求导到"周末去哪儿网"。第二点是移动互联网，它的特点是非常个人化的，所以最好是将用户自己的行

为习惯,以及他的一些历史,包括推荐叠加起来。作为一个广告品牌,这种精准的推送非常非常重要。

沈卓立:最后想请李院长总结一下,从您的角度上讲,现在一些新的趋势是什么样的趋势?在哪块会产生比较好的模式?

李宏:我们从研究角度看商业模式,包括我们申请课题的时候想申请互联网、移动互联网之下企业的商业模式。商业模式说起来很轻松,但是到底什么是商业模式,学术上没有定义,按照现在的商业模式来说,免费的是最好的,甚至有一本书就叫《免费》。现在因为市场的变化,包括提供的信息是不是有价值,消费者付一点小钱也可以,但是最好还是免费的。这种商业模式如果从用户角度来讲的话,不可能有太多收入,恐怕还是要从上下游去寻找这种利润空间。对这一块并不是谦虚,我们学校的人肯定和企业的人,对这个问题理解的深度是有差距的,这也是以后我们合作的时候,希望向大家学习的地方,谢谢。

沈卓立:李院长太谦虚了,我们需要一些理论方面的指导。最后请各位嘉宾给在座的各位创业者和即将踏入创业行业的旅游业的从业者说一句话。

李宏:"创业不容易,年轻人要坚持住"。我们的学生求安稳的多,想创业的少,当然创业也很难,但是如果我们毕业的100个学生里,能有一两个是创业型的,我想也是我们的骄傲。谢谢。

李媛媛:最近看到一句,让自己特别感触的话,就是当你看到一个非常有前景的项目的时候,其实很多时候不需要太去在乎,这个项目到底现在是在什么样的阶段,或者说你进去到底是做什么,创业很多时候进去之后是做干细胞的成员,只要这个方向是好的,能看见它是一个快速上升的火箭,只要去做它。

安然:创业很难,有困难可以找我们。

李世栋:因为这是我第三次创业,而且选择了一个自己非常不熟悉的行业,所以在这里用一句话:坚持自己所想,坚持自己所做,不管走多远,更多的是用心,在不断前进的过程中多学习。

张文龙:我觉得年轻人嘛,反正什么都没有,就去做呗!用你的真诚、努力,用你的勤劳,别人有经验,我们就多跑跑腿,坚持下去做,失败了也没关系,失败了重新再来,反正什么也没有;即使失败了,没投资人投钱,我再去打工也是一样。你得坚持下去,反正什么也没有,就继续做吧。

沈卓立:我们的人生一定要有一次奋不顾身的爱情,有一次说走就走的旅行，也要有一次想干就干的创业。

板块二：旅行社，向左走，向右走

男主持：2013年颁布了《中国旅游法》，随着旅游法的出台，在很多传统旅游行业引起了不小的波澜。未来几年，如何顺应行业发展的趋势，如何获得用户的关心，做好服务工作，将变得非常重要。下面请几位嘉宾进入互动环节，他们是孙憬女士——旅游创业家协会副会长，伍鄱轲先生、龚海德先生、齐春光先生和郭月晨先生和段冬东先生。

孙憬：大家好，1986年我考大学的时候也曾经报过二外，没考上。现在谢谢二外的领导，谢谢线上线下的朋友给了我一个机会，让我过了一把瘾。

今天研讨的题目是"向左走，向右走"。在座的很多朋友都认识我，知道我是一名高级导游，同时也是一名旅行社的经理人，但我现在是中国旅游创业家协会的一员，接下来给大家介绍台上坐着的几位。

齐春光：各位同人，各位朋友，我是途牛旅游网齐春光。

我先介绍一下途牛。我们的口号是"要旅游，找途牛"，这是我们的使命，这是所有旅游人的使命。我们的使命就是"让旅游更简单"，这个说得很简单，但是意义是很深刻的。我们的理念就是"简单、诚信、极致"，我觉得这是互联网所有公司的基因。

孙憬：最近大家也看到途牛的一些消息，刚才我已经问过齐总了，这不属于齐总的工作范围。我刚才说，要旅游，找途牛。请问，我的父母要出去旅游，找途牛；我的孩子出门旅游，找途牛；我和爱人出门旅游，找途牛，那途牛究竟能够满足多少用户的需求？途牛在细分市场、在移动互联网端有什么考虑？

齐春光：途牛的定位是大众旅游，受众面比较广，途牛的切入点是跟团旅游，就是散民拼团。其实大家因此非常清楚，电商最好卖的产品是标准化的东西，但是跟团旅游最难标准化，说白了这是一个非常苦非常累的活，是很多人很不愿意干的活，但是途牛把脏活累活拿过来，用最简单，也可以说是最笨的方法来做。因为是大众旅游，涵盖了老年人、学生，包括成年人。但是实际上我们的主流人群是成年人，对学生、老年人出游有一些附加条件，这是出于安全的考虑。至于APP，没有一家互联网公司不重视，包括携程做得也非常好。途牛是在发力。近两年，途牛在APP这块也是公司投入最大的一块，我们去年新挖了一个在互联网行业比较牛的,就是我们的 CTO,以前是阿里巴巴的,我们主要发力也是在这块。我们这两年招了很多人,公司 1/3 都是研发人员,大部分都是在 APP 发力。现在我们的更新速度也很快,携程一年更新几次,我们现在达不到,但是现在发力也还可以,希望大家能尝试一下,感受一下。

孙憬: 途牛不做,谁做这块?其实在线下有非常旺盛的需求,我们的父母出去找谁?北京实际中润的总经理龚海德在这里,大家先认识一下龚总。

龚海德: 各位同人大家好。我作为传统的旅行社讨论这个主题。第一,传统旅行社有一个总结,叫好苦好累好赚钱,赚钱是用了技术手段。为什么说好苦好累呢?因为在产品的生产,还有包括服务环节,实际上这么多年还是传统旅行社业在做,作为一个生产者,我们可能一直在后面。现在,在移动互联网时代,或者说在这样一个时代来临的时候,为什么我们这样一个产品的生产者,会走到前台,来发表我们自己的声音,我想可能有一个比较好的转折的意义。我们的游客,包括平台商,还包括很多大的旅行社,大家都认识到产品的重要性。我做了十多年旅游,主要讲做老年旅游产品和亲子旅游产品。2007 年前后开始转型。作为一个传统旅行社,第一没有富爸爸,第二我们不懂互联网,没有很好的团队,做的也是非常传统的跟团游。我们想我们旅行社能为哪些人群服务?未来几年,老年群体是需要我们服务的。还有大人带小孩的亲子群体,也是应该切入进去的。还有一个是少年的游学,也是我们能够在这个市场站稳脚跟的项目。我们公司这几年逐步在这个领域扩展,发挥我们的优势和特长。我们一直在关注做细分市场,可能我们做得还不够,但是行业在逐渐认可我们的价值。

孙憬: 前两天在桂林的中国旅行社大会上传来消息,驴妈妈的洪清华说现在其实线下有好产品,是北京世纪中润的产品——"我送爸妈游北京",我想问一句,线下不缺好产品,为什么去到线上的时候,在销售的时候,会有那么多问题?世纪中润跟驴妈妈的合作已经好几年了,但是驴妈妈销出去的产品是远远比不上线下的。我们的渠道应该怎样更有效?请齐总回答。

齐春光: 刚才说线下不缺好产品,这个观点我不敢太认同。龚总的产品我们涉及得非常少,公司出于其他的考虑。我们对儿童、老年人这块,有一定的限制。我们接的团队,学生人数不能多于成人人数;做亲子游,一个大人只能带一个孩子;超过 70 岁的老年人,必须有健康证明,还必须有成年人陪护。这些可能是我们公司内部的规定,这就限制了很多特色产品的加入。当然这个市场太大了，你不可能都做，有所为、有所不为才能真正有所为。如果真正是一款好的产品，我觉得线上宣传的渠道，应该是非常非常畅通的，因为现在这么多OTA的电商，大家都需要产品，因为我们是做平台、做渠道的，其实真正落地的还是传统的旅行社。我刚才也提到了，咱们的老大哥携程，是做得最好的，也是我们的楷模，我们学习的榜样。以前他从头一直做到落地，但是最后也开放平台了，说明什么？这个市场太大了，你一个人从头做到尾，有可能你能做得小而精，但是想做大规模还要专，还需要旅行社帮我们落实。我觉得有好产品，渠道现在应该不是问题。

齐春光： 现在竞争很激烈，好的产品要差异化，同质化的产品无非就是价格竞争，价格竞争是最低端的竞争，我们希望更多差异化、特色化的产品。

孙憬： 龚总是传统的地接社，我们的产品是以长线的经典旅游线路为主，这样的产品在网络上除了途牛，其他的不是很多，尤其像老人和孩子的团，途牛这样大体量的PC端网站都不做，有机会可以找龚总合作。

我们用了两年时间，代表线下的旅行社一直在和线上探索一种合作，同时反过来我又和更多的移动互联网协会里面的公司，探索流量变现的方法。我经常跟线下说你们做得是线路，不是产品。线下大量的产品都是4晚5天游，要全天跟着团队走。但是越来越多的用户的需求在改变，产品类型发生了很大变化，在线旅游的趋势是自由行为主，然后是周边游和一日游。银河快车吴总已经跟大家分享过他们做短途一日游的成功经验。据我所知，在北京做周边游的老大，是郭月晨董事长。郭总，我得到消息说你们和银河快车在合作了，你们两家合作是如何考虑的？能跟大家透露一下吗？

郭月晨： 旅行社是向左走还是向右走，我觉得是四个方向，是上下左右。"上"是我们做B2B批发的，"上"是我们途牛大的零售端，后面是我们的资源，中间是我们，这是上跟下。左边和右边都是细分市场，像文龙的周末去哪儿网，这是细分市场。其实每个方向都有很大的诱惑力，所以向哪儿走是很困难的。我未来怎么转型？传统企业怎么转型？我看到了三点：第一，提升；第二，转型；第三，退休。易游假期做了十几年周边游，做得不错，有一些知名度，但是我们属于传统企业，所有人都聚焦电商，所有人都需要互联网思维，那我们应该怎么办？所以就要提升自身的能力，具备相应的素质。如果不具备，要引进具备这些素质的企业、个人、品牌等，提升自己。刚才孙憬讲，易游假期未来怎么走？我说先要提升，自己改变不了就要靠外力帮助，所以我们引进银河快车,希望借助他们的一些优势,为我们传统企业带来一些新的血液,新的理念。在座的各位,要打开自己,开放一些,不是什么都是你的,要拥抱变化。

伍鄀轲:我们是幸运的,其实跟郭总认识不超过两个月的时间,但是他很快决定让银河快车到北京来开拓。

我们创业过程中问题的难点在哪里?第一,从线上角度来说,虽然线上需要好产品,但是线上永远没有决定让你买什么,你有一万个好产品,有可能只有一百个卖得好,甚至今天热卖不代表下一次热卖。但是线上永远需要好产品,这要看生产商如何定位。一些特色产品我们做不到,比如面向长者、户外的产品,这些产品对人力服务的成本要求很高。但我们希望做成一个减少跟客户产生矛盾的时间点,但是从短途来讲,客户真正的要求不是你给我讲得天花乱坠,因为客户反而会很烦,其实他只是说你能不能把我准确安全地送到这个地方,你规定了四个小时,就给我玩四个小时。但是这种标准化要求,旅行社在线下遇到的问题是什么?就是我们过去的服务方式是以人为核心,不是以标准化为核心。比如说我们到北京的这段时间,就在做服务的导游培训,长城一日游应该怎么讲,这个东西不是我们一开始就知道怎么做,需要不断尝试。我们是10月22日第一次收了长城一日游的标准,我们的口号是不满意就重游,我们看到我们客户里面的99%客户绝对是优质客户,从来没有人恶意地说我不满意,我要求重游一遍。所以我们挑了北京一条最黑色的线路——长城一日游做试点。希望在座的各位想做一日游,找途牛,找我们银河快车。

孙憬:伍鄀轲成功于深圳,在深圳他们是以周边的短途游为主的一家互联网旅行社。世纪中润龚总做了十多年专注于北京地接的旅行社。这两家旅行社,提供全中国最大的一日游——十三陵和八达岭长城一日游。做这样的产品,途牛怎么选择你的供应商?这两位都在你的旁边了。

齐春光:这个问题我觉得比较简单。第一,产品差异化,你有差异化,我没有理由不上,因为最终选择产品的还是客户。传统旅行社做产品是以资源为导向,那个资源好做哪个,并没有以客户需求为导向。现在设计产品最好以需求为导向。现在是大数据时代,拿到这些数据应该是不难的。两个人做的肯定也是差异化,绝对不一样,因为定位不一样,定位的客户群不一样,希望两位的产品我们都能拿到。

龚海德:应该是产品说了算。同行有竞争,但更多的是合作。伍总做的是八达岭和十三陵一日游,我们做的是居庸关加八达岭设计庄园,我们在庄园里有实弹射击项目,年轻的游客更喜欢我们这个产品,我们用这个来做区分。

孙憬: 在座的都跟旅游有关。上午的创业者都是80后甚至90后,现在是60后跟70后,都做了很多年传统旅游,包括齐总在内。我们这些做传统旅游的是在不断地变化。段总的佰程旅行网,曾经是一个B2B旅行社,现在华丽转身,成为以O2O出境游为主的旅行社,这条路走得艰不艰辛?感觉怎么样?

段冬东: 感觉挺爽的。我们原来搭档创业的第一家公司华远国旅是做出境旅游批发的,渠道主要是通过中小旅行社或街边的门市。我们是两年前才开始走创业这条路,之前老的佰程只做旅行社的网站,呈现一些旅行社的信息。这个过程中最大的转变是两点:第一是互联网思维,真正能够用数据去分析问题,真正能够去计算贡献毛利,真正精细化每一个环节,真正能够迅速地试错,迅速迭代,这是传统旅行社出来的人首先要转变的观念,包括人力资源的架构上和公司的战略。第二,我不认为佰程网是卖货的平台,我们不卖产品也不卖商品,我们要做的是客户的需求,真正客户的需求才是差异化,这才是一片蓝海。所以我们更关心的是你跟谁出去,想做什么,想获得什么样的体验,你的预算有多少。我们同时梳理两个需求:第一是强需求,第二想办法引导弱需求(或者称浅需求),把两个结合变成落地的方案,变成可知性的方案,并且有相应的资源来支持。我觉得这是佰程B2B到B2C最大的转变。

孙憬: 我开个玩笑,我见到互联网人的时候我说我是做旅游的,我见到做旅游的人时候说我是做互联网的。我们协会有一个O2O训练营,一直在做在线和线下,一直做了两年。我经常会站在线上的朋友角度去想线下总是没有好产品;反过来跟线下的朋友讲,你看我们也尽力了。请你们告诉我们,用户需求是什么?你的用户是从大数据里面分析来的,是男是女、是老是少?是什么职业?他的收入如何?喜欢吃什么?喜欢玩什么?问一下段总,在做产品的时候,怎样分析用户需求?

段冬东: 佰程是O2O平台,我们有很多合作伙伴,比如天猫、苏宁、百度、360等,他们有大数据分析,在我们之前他们已经在做研究和匹配了。去年我们服务了将近36万人次,单项大多选择了签证服务。佰程做这个业务是为了搜集游客出行的历史记录,你是白本还是有过记录?是男是女?你去过哪儿等。你再次出行的时候,我们可以给你一个个性化的建议。

孙憬: 我和互联网、移动互联网的很多平台合作,大的平台很多,也有小的移动互联网平台,都会发现一个问题:这个产品被平台认可了,但总是没有订单,采取什么办法提高订单的转化率,这是我们想要了解的一个问题。还有一个问题,订单为什么老是得不到转化?是因为客服环节有问题?互联网公司有很多客服,有很多平台,特别是新创业的公司,无论是创始人还是客服,旅游从业经验非常少,没有传统旅游的经验。曾总曾提到了一个概念,让我们充满希望:在获取用户成本特别高的今天,线下的旅游从业人士,是否有转型的可能,变成旅游代理人呢?佰程(段冬东)是怎么考虑的?

段冬东: 这个是一个核心的命题,无论是线上还是传统行业,都会面临一个获取客户成本问题,这和订单转化率是直接相关的。作为订单来讲,佰程接触了一些 CPS,传统旅游行业、第三方平台从业者,更应该重视游客的回头率和传播率,一个重要的指标就是客户满意度。去年佰程客户的满意度是95% ~ 99.8%,这是一个非常好的数字,今年我们想稳定在更高的水平。有一个最牛的客户,他在佰程办了去泰国的签证,但他的护照问题,我们的客服帮他解决了。这个客户三年之后帮我们带来了许多客户。我认为维护老客户的成本一定比新客户的成本低很多。大家不一定要急着做互联网尝试,互联网只是一个工具,不一定上来就能把 APP、微信、微博、H5 都开起来。现在传统互联网的获客率是20%,70%是线下方式获得的。我的观点是不一定急着通过互联网方式获客,一定要想明白我们给客户提供的价值是什么。实际是在成本和售价比较低的时候,给客户带来好的服务。

孙憬: 这个回答解决了我思考了很久的问题。在传统旅游中有一个链条,最底部的是产品的生产方,是供应方,如龚总这样的地接商,是以国内游为主,佰程是以出境游为主。郭总和伍总是 B2B 平台,他们专注周边游、一日游,而我们途牛网是大众旅游,但是一直很期待途牛网能够有更细分的市场,让许多在线下的(像龚总)专注做老年旅游。今天于总没有来,于总如果来我一定会问途牛网为什么不收老年人,老年人市场其实非常非常大。我到老年的时候一定会在网上报名,会在手机上报名。

旅行社业的朋友,如果没有你们的支持,我们这个非常草根的协会也走不到今天,一年以前我们二十多个人,现在五百多人,都是线上线下给予的支持,在这里要感谢大家,给大家一个机会来提问。哪位有问题?

提问: 我问段总一个问题,你们是做出境旅游的吗?

段冬东: 是。

提问：你们的切入点是签证吧？

段冬东：是。

提问：你感觉你们出境定制做得怎么样？

段冬东：定制是我们四个服务类型的一项，我们有四个出境旅游服务：第一是签订，包括单订酒店、机票、机场接送等；第二是定制；第三是主题团；第四是自由行和半自由行。定制是我们开展最晚的业务，去年刚开始试水，一些产品才拿出来，刚刚起步，如果打分，估计50到60分。

提问：去年有一个朋友要去帕劳，他们家七八个人。当时我找曹总，然后找到你，做定制，花了两三天，两三天后客人早跑了。定制的客人一般是急性子，是我给你一分钟，最多一分钟，你慢一点，30分钟可以吧。你们是两三天，两三天后我的客人跑了，你的客人也跑了。

段冬东：你说的时效性问题非常好，感谢您提意见。去年到现在，我们还没有完全定制的理想状态，定制涉及我们的机密。我大概讲讲。我们是通过互联网方式做旅行方案，但远远没有完成，如果完成，应该能够颠覆出境游行业最根本的东西。我认为还需要漫长的时间。我们的定制只是做一些样本研究，是客户的点和我们整个流程的结点怎么标准化，通过互联网方式集合在平台上完成。我相信随着产业的推进，这些行业里的研究，未来会有很好的改善空间。

提问：希望你们改善得越早越好，我们好给客人提供更好的产品和服务。

孙憬：出境游的报价时间比较长，因为需要目的地的一些资料，然后还要去咨询。我们旅行社有一个职位的名称叫计调。很多互联网的朋友问我什么是计调，是不是调度，我说差不多。计调要搜集目的地的很多信息。我特别理解出境游，不大可能一分钟，除非在一个大数据的积累之后，通过互联网的技术方式把它提取出来，然后来迅速地报价。但是我们传统旅行社是人工报价，比方说我是杭州旅行社，如果你今天要去杭州，我马上就可以给你做一个行程，但是我还是无法报价，因为报价是需要去咨询，这就是旅游业运作的规律。

提问：非常感谢有这个机会。我是一个行外人。我来自东方花旗，是东方证券和华鑫银行前年成立的一家合资券商企业，为企业提供上市、融资、并购的服务。可以为各种企业提供境内外的资本市场运作服务。我问一下齐总，刚才段总谈到了旅游产品差异化问题。我感到很多旅游网站提供的服务给人一种同质化竞争的感觉，我想问途牛网是怎么做产品差异化的？途牛网最大的成本是什么？

齐春光：这个问题非常好。今天上午戴院长也讲到了，到现在也没看到一个颠覆性的企业。很多网站的产品其实是相近的、类似的。业内人士都知道，对非业内人士也可以开诚布公：因为很多供应商是相同的。旅游行业也分生产商、批发商和零售商，我们属于零售商。我们希望能采集到尽可能差异化的产品，也希望自己的产品有特色，自己的产品差异化，能在市场上保持领先地位。但是我们的定位是大众旅游，大部分产品是相同、相类似的。相同、相类似，到细节里面还是有差异化。差异化，一个是大的差异化，一个是小的差异化，任何一个小的差异化都能提高客户满意度。途牛网是旅游行业第一个把产品的评论开放给游客的，评论的数据对我们来说是非常关键的。很多供应商学得非常精明，也上我们途牛网看这些评论，因为根据客户的评价才能知道客户的需求，产品的改进方向，你去上网看一眼，评论最多的，上百条上千条绝对是卖得最火的，评论越多卖得越火，因为现在大众更相信游客的点评，不相信你宣传的东西。我们现在在想办法做一些差异化、有特色的产品的东西。

最大的成本是两块：第一是宣传成本，这是获取订单的成本，转化率很关键。我们需要订单，需要宣传。宣传渠道成本肯定相对比较高。另外一个是技术成本，因为我们有1/3的人是研发人员，最低的都是工程师以上职称。我们的薪资是保密的，没有每月低于一万块钱的。技术改变生活，我们既然是OTA，就要用技术提升效果，才能使产品呈现差异化。互联网企业就是快，不断试错，不断改进。这两块就是我们最大的成本。

提问：我们公司是做旅游教育和职业教育的，请两位在教育市场方面提一些建议。

龚海德：我们2月20号做了一个中国教育夏令营科技公司启动计划，这个公司包括传统的旅行社，深圳国旅、安徽万达环球国旅、中国国旅还有我们生产方。这个公司拥有教育板块和学生夏令营最好的团队。中国的夏令营市场非常大，游学的市场非常大，这是因为中国的教育背景，应试教育背景下出现游学市场。中国第一个游学项目是武大夏令营，我们是武大学生国旅十年的联系接待方。这个平台做了一个整合，可以做基地的，也可以做渠道商的，也可以跟教育机构合作。希望大家可以跟我们这个新的公司对接。这个平台有全国最优秀的夏令营品牌，有香港的、北京的、华东的，还有其他目的地的，我们是产品的生产方，同时是渠道的建设方，希望有机会合作。2013年的研学教育，做得最好的是安徽万达环球国旅，可以大规模组织，从春天到秋天，包括夏令营由学校统一组织的活动。这是我们向学生教育或夏令营教育有效的一个尝试，也是旅行社在大的市场领域里的一个尝试。

孙憬：我是协会的秘书。我经常说我是炒菜的，老张是跑堂的，我们是为大家服务的。我特别适合主持一个节目："非诚勿扰"。要跟线上的朋友合作可以找我，要跟线下的朋友合作也可以找我。下面做深度交流。

板块三：酒店业内部创业与创新

女主持：现在把话题移到另外一个板块——酒店业创新。有请嘉宾，秦宇教授、高树军、赵昂、束菊萍、刘达。下面把话筒交给本环节的主持人。

秦宇：今天这个会议旅行社来的朋友多，气氛比酒店的会议活跃。

这个板块是酒店行业内部的创新创业。世纪之交的时候，中国的旅游行业涌现出了一大批创新创业企业，这些企业很多属于旅行社业务领域，包括携程、艺龙、去哪儿、蚂蜂窝，还有途牛。很多酒店业创新企业，如7天、如家、锦江之星等。提到酒店业常常会提到假日集团的增长数字，它是全世界第一家从1家酒店做到1000家的酒店，用时最短，只用了16年的时间。但这个数字最近几年被中国企业改写：从1家做到1000家，如家花了9年时间，7天花了7年时间。观察市场的转变，我们开始发现能从头、从小再做大的机会好像慢慢少了一些，更多的创新创业活动是已经形成比较牢固地位的企业力图来做。

今天我们这个环节对话嘉宾是多元化的，有做酒店线下的企业，也有做跟酒店相关的销售或推进销售的线上企业。请高总、束总，谈谈公司内部比较重要的创新创业活动。然后请线上的朋友，谈谈在寻找与酒店有关创业机会时的做法，或经验。

束菊萍：首先我解释一下铂涛菲诺。在整个铂涛集团旗下，目前有五个品牌，其中经济型酒店有7天，7天下面有7天优品、7天阳光，这是针对中国市场的品牌细分。中端市场有三个品牌：有喆·啡酒店；有以熏衣草作为主线的丽枫，倡导的是舒适文化；还有一个是ZMAX潮漫酒店，是年轻时尚潮人的动感酒店。高端方面，推出的是铂涛菲诺品牌，针对的是中国的中产阶级。从创造7天这个品牌开始，我们一直在对中国消费者的需求做研究，研究的时间已经有8年。我们发现中国的消费者变化很快。我们在与国外沟通交流时发现，国内两三年的消费需求变化，也许国外要用10年或者十几年。从创造7天品牌开始，我们提倡的是会员制。目前整个铂涛集团拥有会员8000万人。这些会员有更多的需求，我们需要提升会员的黏性，也需要这些会员在我的体系里带动更多的产品，也需要更多非常有品质的产品供他们选择，否则在今天的市场里就会被淘汰。国际品牌非常成熟、很完善，进入中国已经是现实。我们做过很多调研、访谈发现，国内游没有市场竞争力，但这个市场空间很大。

我们推出的铂涛菲诺是非常受消费者欢迎的品牌，同时也希望这个产品受投资人喜欢。如何让这个产品受投资人喜欢？这不仅在需求方面，不仅仅是按照国家的标准，因为消费者的需求变化很多，标准没变，但是对于投资人来说，他需要一个非常好的投资工具，他做商业地产也好，做开发也好，做酒店投资也好。铂涛集团发展非常快，从去年7月17号宣布铂涛酒店集团成立以来，我们签了十几个项目，未来两三年速度会更快。

赵昂： 我是布丁酒店的赵昂。年轻人旅游是非常旺盛的一个需求。布丁酒店旗下有两个品牌，一个是布丁酒店连锁，另外一个是最新创立的一个智能化的酒店品牌，叫智尚。智尚主要是通过手机APP控制房间的电视、音响、灯光，目前在杭州有一家，欢迎大家到杭州尝试我们的智尚。

高树军： 我们是驿家365连锁酒店，非常高兴跟大家沟通、探讨。去年秋天的一个全国性论坛的主题是，经济型酒店的黄金十年还是陷阱十年。我们对未来是非常看好的，如果未来能够走得好，无论是全国性大品牌，还是类似我们这样的区域性品牌，在各个方面都需要创新和突破。我们在这个方面也在做了一些探讨和尝试。

刘达： 我是住哪儿网的刘达。我们是做OTA的。住哪儿网有一些微小的创新：我们是第一家把酒店和地图结合起来推出的网站，是最早推出点评返奖金的网站，也是第一家推出图片点评的网站。靠这三个创新，我们积累了一些用户，在这7年里我们也有了一个好的发展。

李建民： 我叫李建民，来自快捷酒店管家，我们主要是解决游客的出行和住宿，用我们的技术和服务来圆大家的旅游梦、中国梦。

秦宇： 我到7天、布丁、365都做过一些调研。他们最近做了很多以前没有人做过的工作。创新并不一定是全新的产品或全新的服务，把一个已有的产品带入一个新的市场里去，或者是换一种方式生产这个产品，也是一种创新。最近像铂涛集团，推出了精品五星品牌铂涛菲诺；布丁在拥抱新的互联网营销方面做了尝试，获得了成功；高总在石家庄、河北市场获得了很多优势。但他们并不满足，而是渗透到很多三线四线城市。做酒店经营的都知道，很多酒店在一二线城市做得很好，但是到三四线城市完全水土不服，这方面365做了很多创新。我想就这些问题，请三位老总跟我们交流，之后还有一个问题问刘总和李总。

束菊萍：我分享一下铂涛菲诺做事的方式和方法。我们是平台创业，跟各位的独立创业是不一样的，我们的平台创业是有团队、有股份的，集团还有大股东凯雷集团。我们从需求特点出发，不论是消费者也好，还是运营模式也好，不同的档次、不同价位的产品，运用的运营模式是不一样的。消费者的需求是不一样的，比如在国外，甚至会有一个品牌来满足10美金左右这个消费群体的需求，他们划分得比较细。我们通过对中国消费者的需求调研，发现我们的价位不一样，运营模式不一样，盈利模式也是不一样的。早期经济型酒店的商业模式和中高端酒店的商业模式是不一样的。我们很早就提出迷你五星这个概念，提出的时间应该是整个行业里比较早的，但是我们真正动手做得时候，相对于"华住"来说是比较晚的。这个过程中我们做了大量的调查，做了大量的测算，我们要找到一个比较好的平衡点的模式，因为这个产品投资额比较大。经济型酒店的成功靠净利润，但是往上做的时候，因为酒店的盈利模式、商业模式不一样了，这个时候的盈利模式不光是营业利润，还有资产回报。资产回报的收入跟传统的收入不一样，它没办法在账面上体现，这是跟中国的会计准则有关，但是这个准则和香港没有关系，因为香港每个资产每年都会评估一次，但是在内地没有办法。作为业主来说，即便经常看到酒店亏损也好或是盈利也好，只有一条，当酒店卖掉的时候才能评估它是亏还是不亏。作为铂涛菲诺，我们给业主提供的，在模式上的创新就是作为业主他会有这个资产，他也希望这个资产不仅要有营业利润，还需要有一部分资产收益，这两部分是要同时兼顾的，当然兼顾是不行的，因为它的资产模式是不一致的，所以无论是我们投资还是业主投资也好，这个资产的价值是一样的。把运营和投资分开算，怎么使这个价值最优，就要做一些取舍。无论是三星、四星、五星级，必须要配备多家餐饮，必须要配备许多设施。我们会结合物业的档次，按模块化的方式给业主提供建议。比如客房是一部分，客房做到多少是比较优的方案，除了客房之外，还加了哪些模块进来。我们一直是按连锁思路做整个产业链的，因为是连锁，不单单是做本身的东西，还要把一些最简单的东西按模块化的方式运作。

大家知道酒店最难运营的是餐饮，我们是按照模块划分的，按酒店各个品牌，引进一些餐饮品牌到这个产品里，不一定所有东西都自己做，如果自己全部做，运营效率会很低，它的价值也会很低。所以我们现在跟一些 SPA 品牌、餐饮、宴会品牌合作，相当于嵌入型。客房是我们最擅长的也是最好的一块，但是配宴会时，我可以和我的伙伴一起来做。我只是一个集成商。这样把酒店的价值发挥到极致，这是我们做项目的一个思路。

秦宇：大家都知道 7 天是非常价廉的酒店品牌，在北京或上海很繁华的地方有 200 多块钱就可以住。这样一个酒店品牌现在要做一个能卖到八九百块钱会有一定的难度，如果按照传统的思路，按照内部培养方式去做，会非常漫长，而且能不能控制遇到的很大的问题。铂涛菲诺给我们的启示是他们能够依靠自己的实力做平台集成商，擅长的客房自己做，把其他的服务商集成起来做，这是一个很大的进步。

赵总，请您跟我们做一个分享。

赵昂：马化腾说了一句话，我们都没有错，我们错在太老。因为我们的用户是 18 岁、二十几岁的小伙子、小姑娘，他们在想什么，像我这样 80 年代初的人不清楚，我们怎么做？我们找他们来运营。我们的团队，我们的微博、微信都是一些 90 后的小姑娘，她们有自己的思维。布丁发展非常快，是因为我们能组建这样一个团队，来帮我们做运营。我们发现，不同的人、不同的年纪去做不同的产品，是非常有必要的，包括我们跟微信、微博、支付宝都有一些比较好的合作。这块内容需要我们的商务跟他们反复沟通，运营就交给年轻人做。我们有分工很明确的机制来保证这个创新能很好地实施下去。

高树军：在发展过程中，我们的做法是向县域市场纵深发展。做连锁酒店肯定要有标准，但是我们把这个标准进行了进一步的细分，分成了标准版、县域版和小微版。

县域版是因为我们在几年以前看到经济型酒店的发展，随着整个行业发展和市场需求而成熟，在县域市场，不但是一些县级城市，一些乡镇都已经具备市场的需求，所以我们把酒店的版本细分成一个县域版，在标准版的基础上进行了一些调整。虽然定位还是经济型酒店，但毕竟是县域市场，和绝大部分县城酒店业发展相比，很难讲是成熟的市场。消费的客人相对更好面子，所以县域版的酒店，我们把酒店的外观、大堂装修得比标准版档次更高，以适应县域市场顾客的消费需求。我们现在有不到 120 家酒店，其中近 40% 布局在县域市场，已经营业的酒店有 70% 左右，绝大部分县域市场酒店的收益比常规市场好，证明这个方向是正确的。我们在县域市场的发展，每年几乎以翻番的速度推进。未来我们仍然是把深耕县域市场作为一个非常重要的市场拓展策略。

我们还有一个小微版，是经济型酒店在初期发展的过程中，房量规模大概在80到120间是一个最适量，也就是说经济型酒店在前期发展的过程中，基本上七八十间以下的房量是不做的，为什么不做呢？因为过去经济型酒店模型低于这个量是不成立的，投资回报是不支持的。可是国外成熟的酒店市场，比方速8，它的大部分酒店在国外，在美、加市场。为什么在国外可以做，在中国市场就不可以做呢？关键还是已往的盈利模型，它不支撑这样的一个房量。我们经过研究，把七八十间房量的酒店的盈利参数做了调整，比如它的功能，经济型酒店叫BNB，早餐是要有的，但是一个二三十间房量的酒店，是不是一定还要提供早餐？不一定，如果周边有这样的供应就完全没必要，这样初期投资，就可以降下来。

这样规模的酒店，它的组织架构、定档、定编我们也相应做了一些调整，像人力成本这样非常重要的费用指标，与标准的经济型酒店相比也会相应下降。类似这样一些调整后，七八十间以下房量的酒店，其盈利模式同样是成立的，对投资回报是支撑的。在这样的一个思路下，我们建立了一个所谓的小微版。去年年底之前，小微版底线是40间房量，如果再低，原来的版本不支持。我们现在正在做一个功课，如果房量低于40间，我们认为同样可以用一个连锁、标准化的方式来操作。我们在原有基础上，进一步把小微版的范围、内涵扩大。这是我们在发展过程中的一些尝试和探索。

秦宇：我解释一下，因为在座旅行社的朋友比较多。一般认为，一个二线城市的酒店好产品到了三四线城市里面，应该把标准降低，因为当地的消费水平肯定比不上二线城市。但是高总是反其道而为之，到三四线是提高档次，因为需求是不一样的。再说他们的小微版尝试。现在连锁酒店业发展到今天，很多老总说已经没有物业了，租金涨得太快了。为什么没有物业？市场当中的物业还有很多，只不过没有符合我们之前商业模式的物业。我们已往认为80到120间房量是最好的，但是40间房量的物业有没有？我想会很多。驿家365的创新和他们的市场深耕有很大关系，而且绝大部分酒店都在河北市场。他们专注做经济型酒店，可以给我们一些启发。

下面我请教住哪儿网刘总。他在介绍企业时提到了一个细节，他们在做一些微小的创新，大家可以体会这个不同。有的创新是颠覆性的，但是颠覆性创新的机会终究不是很多,更多出现的是消费者的需求发生了变化。比如在预订里加入了地图的功能,在预订时候使用OKI点评的功能。请问刘总这些改进思路,是从消费者身上来的?还是产品设计人员坐在办公室想出来的?

刘达:住哪儿网是让用户想住哪儿就住哪儿。我们一直想解决的是怎样让用户更快地找到酒店。找酒店的用户就关注两点:一个是价格,一个是位置。我们没有定价权,我们除了通过返现的方式吸引用户外,在位置上我们帮助解决。比方说来北京你要去国贸,你要去找酒店,可能它是一个商圈,是一个块状的,酒店的具体在国贸的南边北边、东边西边是不知道的。我们在2006年,和研究电子地图的图吧设计人员一起讨论,觉得完全可以把酒店标注上,然后确定一个地标,计算出这个酒店距这个地标有多远,客户就可以在地图上清楚地看到酒店是在国贸什么位置,走过去需多长时间,打车需多长时间。我们是第一家把这个功能推到网站上的。用户这个需求还是挺多的,在百度搜索的时候,我们住哪儿网全是第一个。以前一天只有几十个订单,通过半年时间,国庆节订单都处理不过来,因为大家都在百度搜住哪儿网的酒店。那时候艺龙、携程没有这些功能,这让住哪儿网有了一个腾飞。我们是比较早有订酒店返现金的,但是怎么跟艺龙、携程竞争?我们通过价格,靠返利竞争。我们体量比较小,用户觉得这样可以降低成本就来我这儿。最近这两年艺龙、携程也跟进来了。那时候,客人住了酒店以后使用点评信息我们才返现,现在酒店行业打得厉害,我们还是一个门槛,买200才能返现,但现在不用点评也能提现,而且没有门槛。我们这些年积累了一些用户,也获得了很多真实的点评。

第三个图片点评。当时因为携程、艺龙网站上的图片看上去很精美,客人去了以后看到的却不一样,酒店墙都起皮了,这很影响客人的入住体验,所以我就在想让用户写文字,还不如让用户把图片和文字结合起来,酒店到底好不好,有图有真相,所以我们在2010年就一直收集这方面的图片,目的是让用户在找酒店的时候,找的更加对称,有的酒店我们收集到一两千张图片,而且是不同阶段的。采用酒店点评,配合图片点评我们吸引了很多用户。现在我们积累了200多万张真实的拍摄图片,住哪儿也积累了很多忠实的用户。

秦宇:有些时候客户知道他需要什么,但是他不能准确表达出来,只有通过尝试,才能发现他们的需求。下面是李总,请您从合作者的角度评价一下,您觉得业内这些经济型酒店,哪些企业的创新比较有特点?并给你留下深刻印象?第二个问题,快捷酒店管家内部衍生了另外两个产品,一个是高铁管家,一个是航班管家,从内部第一个快捷酒店管家出来之后,再做两个附属产品,有哪些好处?对产品之间的一种互相的影响,有哪些好处?

李建民:我先回答第一个问题。哪家酒店的创新比较好,我还是想公开表扬赵总,他们对互联网销售是最开放的,跟进速度也是最快的,无论有什么新的技术、新的模式都会快速跟进,而其他的几家大一点的像如家、汉庭,公司大了可能审批流程会复杂一些,决策会慢一些。

第二个问题,其实我们的第一个产品是航班管家,航班管家做到一定规模,我们决定做酒店。刚开始做酒店,我们在航班管家里边加了一个酒店频道,后来我们想航班管家主要是针对航班服务,就把酒店拿掉,专做一个酒店管家,后来做了快捷酒店管家。怎么找风口?在做之前,我们先研究了国外旅游行业的模式,包括酒店的发展模式,认为未来几年是一个高速发展的行业,我们酒店要进入这个行业。怎么获取竞争优势?我们有另外一个模式——酒店直销,直接签酒店集团,几家快捷酒店有自己的官网,可以很快速地接入,并且不需要投入很大的精力跟每家谈,只需要去酒店集团,找到酒店集团的商务合作部门去谈,谈好了1000家酒店就进来了。当初我们就选择了快捷酒店。为什么做成这种模式?因为我们研究了快捷酒店,它是服务项目,在同一个城区,价格趋同,唯一不同的是位置,所以我们就决定基于位置搜索的产品,然后就有了快捷酒店管家这种模式。事实证明做出来还是比较成功的,它的用户活跃度很高,用户发展很快,订单增长也非常快。

秦宇:刚才李总表扬了布丁在互联网营销的一些方法。想问一下赵总,你们在很多领域做到了行业第一,包括第一个跟微信合作,开通微信订购频道;第一个跟支付宝合作。是什么因素,使布丁这样一个在业内算不上最大的公司,在这些领域内走到了前面?

赵昂:首先,我们的团队成员都是互联网出身,包括我自己,对酒店业来说我们是新人,但是我们在做互联网,包括做移动互联网。我觉得布丁其实跟移动互联网、互联网公司有一些比较类似的模式,它的管理比较扁平化,没有太多的层级,一些需求能够快速响应,包括李总说的一些对接,商务谈判也好,布丁的一些做法跟互联网公司非常像,首先是要快。因为互联网思维就是快速迭代、扁平化管理,能够快速响应市场上的一些波动,因为这个市场是不会等你的,市场变化非常非常快。微信出来,我们就开始接;接完之后快速上线,做支付宝开放平台。我们得到一些信息就很快进入一个技术对接,这些信息其实是IT部门非常需要、非常好的资源，非常重要，因为对经济型连锁酒店来说，除了线下的一些物业，包括连锁快速增长之外，自己内部一些IT部门的建设非常重要，这是我们为什么能快速跟一些大的互联网公司快速对接的原因。作为决策，这是我们的机制。

很多创业团队都是通过开小会或微信群等方式来沟通一些创新、创意的想法。对于布丁来说，我们也有几个群，但活跃程度最高的是布丁酒店的学习群。我们有一个学习群，高管和员工都可以进来，大家可以共同分享自己的想法和行业新动态。其实所谓创新机制，最好就是没有机制，没有任何机制来保证你的创新。从底层来的有想法，大家都群力群策去做一些想法的执行者。当我们一起去讨论觉得这个点子可行，所有人都认可，包括CEO，包括一线的员工都认可，就可以干了。所以我们的创新非常简单，第一个扁平化管理，不设任何门槛的交流，是我们创新的很好方式。比如李总，快捷酒店管家，只要有一个人在群里说快捷酒店管家非常好，最近非常热门，很受我们年轻用户的喜欢，那就接，很快我们的产品就会接上。

秦宇：决策怎么样？

赵昂：决策是非常快的，因为我们是通过微信群做交流，可能一个小时之内就可以做决定。比如今天晚上我有这个想法，那我们在网上一个小时就搞定了，如果拖到第二天，9点开会，召集各个部门人员坐下来慢慢谈，其实很慢，浪费了半天的时间。我觉得互联网思维最重要的一点是要快，快非常非常重要，谢谢。

高树军：关于创新，我们现在正处在一个关键的时间点上。下一周七八号是我们公司2014年战略会。战略会的主题是"战略与变革"，我们正在启动2014年开始的第二个五年发展战略。另外，在这样的时间点上，对于我们来讲，不算是第二次创业。虽然过去几年，我们和如家、7天这些全国性的品牌没法比，但是以我们自身的基础和已往几年的发展相比，我们在一个区域算是有一点知名度的品牌，有一点小小的成绩，但是如果只是延续以往的习惯和惯性，就是死路一条。比方说以如家为典型代表的经济型酒店，大概每个房间的投资在5万块钱左右，以这样的投资，这种产品定位、价格定位，它的盈利模式越来越受到这个市场的挑战。可是在几年前，这样的商业模式在MBA课堂上或在一些行业的场合被当作成功的典范来讲，可是今天，收益不断下降，所有成本都在不断地上升，而且上升的速度很快。

经济型酒店的盈利空间越来越被挤压，这种状况在我们这个平台也存在。对于我们来讲，如果是继续往前走，包括我们在第二个五年发展战略规划里，也有千店计划的安排，那么必然是需要在各个方面进行创新和突破。比方说，既然原有的投资5万块钱左右的客房产品，它盈利空间越来越狭小的话，出路在哪里？现在大部分的酒店开始向中端市场甚至高端市场拓展、延伸。我们系统里也有中端品牌，可是我觉得在原有的经济型酒店领域，仍然需要进一步细分，能够找到现有主打品牌没有覆盖的一些细分领域。我们现在在这个方面已经看到了一个方向，在未来半年左右的时间，我们有一个新产品，不光是硬件的产品，包括顾客的住宿体验、运营模式，方方面面都将有一个系统化的创新和改变。

我们也希望用这样的产品定位来支撑我们未来五年的发展战略规划，谢谢。

刘达：住哪儿网团队比较小，因为2010年艺龙战略投资后，我们就把酒店签约团队砍掉了。住哪儿网是在做前端，我们更多的想法是希望可以更快些，有了想法马上就去执行，因为我也是技术出身，发现一个好的思路或者一个好的方法之后，反应还是蛮快的。

李建民：我想讲一下互联网思维。最近大家都在谈互联网思维，刚开始我们创业的时候还不知道，因为两三年前，突然发现我们创业当时的想法跟现在的互联网思维非常像。

我们做酒店的时候大部分都是做技术工作，我们只要有一个商务、一个渠道、一个执行，我们没要服务，因为我们开始接触的是快捷连锁酒店，我们也决定不了价格，所以我们把所有的服务都选择在酒店里面，只做很典型的这块。当订单量持续增加的时候，我们只需要增加一个服务器，加一个技术人员。随着订单量的增加，但成本趋向于零。

秦宇：刚才几位老总说的创新机制问题，我们比较理解布丁和住哪儿网都是快速决策的机制。7天是一种市场化的机制，高总是一个不断思辨、检讨的机制，李总是基于互联网，我还是一个平台的做法，有了这样一些支持，他们这几家公司尽管大小不一样，做的业务也不一样，但是都在创新创业方面取得了令人瞩目的成绩，我想今天他们的分享一定能够对促进内部创新创业的企业有一定的帮助，感谢各位嘉宾。

板块四：旅游营销创新

男主持： 下面进入旅游营销的创新研讨环节。现在讲到创新，不仅仅是工具的创新，技术的创新，营销也要有创新的点。旅游方面怎样创新？让我们与魏长仁先生、包奇宗先生、贾建强先生、张进强先生、陈长春先生、赵丹丹女士几位嘉宾分享。

魏长仁： 大家好，轮到我们6位继续和大家分享。刚才两轮的对话讲了旅行社向左走向右走的问题，也讲了酒店的创新问题，接下来聊一聊营销创新问题，因为确实营销作为我们整个企业运营当中非常重要的一个环节，刚才途牛的齐总也讲了，途牛作为规模比较大的企业，他们在成本上最重要的一块就是在营销的费用。我个人认为，营销肯定还是要靠产品。

首先，讲一下我们每个企业，介绍一下每个企业的情况，接下来讲我们的话题。

包奇宗： 我问一个问题，大家"信生活"好吗？因为现在越来越多的是微信的一种生活。我常常说我是"信"工作者，我说的这个"信"工作者，是指我们深度旅游策划公司。我们做的工作是解决让消费者相信的问题，相信你的产品是好的，相信你的服务是好的，因为只有"信"为基础，才可能产生消费，才能产生体验。深度公司2002年成立，是中国第一家专门做旅游营销策划顾问的咨询机构，所以创新是我们的立身之本。我们当时到工商局注册，不让注册，他们说没有先例，你这个名称无法核准。作为旅游创业者，肯定首先要考虑的是创新，我们公司在创新的基础上，还有"创信"，要能够创造信任，创造信誉，一系列能够指向品牌化的产品。我们是旅游机构，是为旅行社、旅游局、景区、航空公司等提供服务的。2014年我们提出了深度旅游梦工厂的概念。现在我们进入一个营销时代，一个移动互联网的时代，消费者拿着手机端，面对着很多旅游供应商，可能是旅行社，旅游局，景区，也可能是客栈，是一道农家乐，所以我认为现在的旅游营销已经进入了泛目的地营销，每个供应商都需要向消费者抛媚眼，通过手机来营销。未来要完成一些销售很简单，就是让消费者看到这个信息后面跟一个支付的链接，销售就完成了。我们深度公司致力于让每一个目的地都成为票房大片，这就是深度旅游的概念。

陈长春： 我是远方网的创始人陈长春。远方网是一家非常老的互联网公司，一直在做幕后的工作。远方网从 2007 年底成立开始，就立志于为旅行者提供深度旅行攻略。大家搜一下远方网，可以发现远方网上的攻略都是经过认真细致整编和整理以及提炼的攻略。我们的攻略制作是完全按照传统媒体的操作方式做的，同时我们在获取投稿资源、获取素材的时候，依托互联网 web2.0、3.0 移动互联网的优势。我们做攻略特别慢，一个编辑从开始报选题到制作出一个攻略，完整地推出大概需要一个星期，比较大的选题，可能要一个月，这和整个互联网的发展是违背的，因为互联网是节奏非常快的一个平台、一个工具。但是我们坚信，在互联网发展的整个过程中，内容始终是有价值的，而且内容的呈现形式不仅仅是碎片信息、不仅仅是 UGC，UGC 永远替代不了整编的内容。我 2000 年大学毕业进入总参情报系统工作，我深知信息的价值。我知道庞杂的信息许多是垃圾。如果一个信息没有经过提纯，没有经过分类、加工，那它就是垃圾；如果经过提纯，那就是非常有用的、有价值的一个内容。举个简单的例子，无论通过微信、短信，还是电子邮箱，如果有人在你不需要购房信息的时候，给你推送了一条购房广告，你就认为它是一个垃圾；但是你正在计划购房，而这时有人给你推送了这个信息，你还觉得是垃圾短信吗？所以在信息行业里没有垃圾和黄金一说，只是说你有没有放对地方。

把什么样的信息放到什么样的地方，这需要谁来做？我想在座的没有一个人做这个工作。我们大多数人，包括在场的旅游创业家、互联网创业家、移动互联网创业家，是在做平台、做渠道、做媒体。许多旅行社养了很多新娘子，大家都在做抬轿的工作，没有人打扮新娘子，没人给新娘子说媒，没人给新娘子找个好下家，只是说我做一个轿子，你上来吧，把她送出去就行了，这是不行的，这是违背信息学规律的。

远方网是一个专注于为旅行者提供深度旅游解决方案的网站。依托深度旅游解决方案，我们可以把合适的信息放在合适的时间，帮旅游机构把它的产品信息送到合适的人面前，我们 7 年来就做了这么一件事情。没有投资，也没有很高的访问量，你可能在新浪第一代互联网上，第二代、第三代互联网上看过大量的远方网的攻略，但是你不知道是远方网做的。我们甘愿这样做，我们解决了很多游客所需信息的问题，也解决了很多旅游机构产品推出的问题。

张进强：今天上午有人说到中国一年旅游人次达到了 33 亿，出境游已经 9800 万人次，这令人心惊肉跳。中国服务业的贸易逆差今年大概的数据会超过 800 亿美元。我记得每次去看报告或者是出席全国旅游大会的时候，总有三组数据，第一说国内游，第二说出境游，第三总会提一下入境游，今年干脆好像不提了。入境游是失宠的妃子吗？把港澳台除外（港澳台也算入境），真正的外国人入境人数每年是2600万人次，说英语的大概是500万人次。我们公司主要围绕这个市场，是唯一一家专注于旅游营销的公司。我们有两个品牌：一个是金鼠标目的地营销机构，还有一个是"魅力中国"。我们的目的地营销事业部为旅游局服务客户经理平均的工作年限是6到8年。上午秦宇教授讲了三个创新：产品的创新，流程的创新，管理模式的创新。我觉得今天收获非常大。我们公司提倡营销理念的创新。销售是什么？销售是帮助你的客户改变不满意的现状，今天上午激情万丈的王董事长把红河推介得非常成功。

贾建强： 我是6人游旅行网的贾建强。刚从桂林的旅行社行业峰会回来，从昨天早上到现在只睡了两个小时，但是我还是坚持参加这个会议。为什么要来？首先6人游旅行网的成长离不开中国旅游创业家协会的帮助，尤其是孙姐的大力支持，以及在场很多地接社的支持，没有孙姐，没有地接社的支持，就没有6人旅行网的存在，感谢中国旅游创业家协会。

我介绍一下6人游旅行网，它本身就是一个创新，创新什么？我们希望做一些不同的工作来帮助一些真正的消费者。创新要来源于需求，有了需求、有了痛点，才可能有创新的存在。现在的旅游是什么状况？用户被很多的所谓旅行社里面不太作为的人左右，不太愿意跟团旅游了。我们在向左走和向右走的时候，应该有一种服务，既安全、便捷，又能像自助游那样的自由，于是就产生了小团组的形式。好的产品需要营销，反过来讲，一个好的营销需要好的产品。我们旅行社的产品是什么？就是旅行社的服务。

赵丹丹： 大家好，我是来自新华社中国图片社的赵丹丹，非常高兴能有这个机会与大家分享。

我们现在做的是旅游行业的一个大数据，这个旅游大数据首先包括空气质量，如果你觉得北京的空气质量非常差，OK，从我们的网站上就可以找到空气质量好的地方，就可以逃离北京，离开雾霾的城市，还有价格机制等。我们主要是为景区服务。

第二个是非物质文化遗产大数据的展示。这个数据量如何采集？中国有87万个非物质文化遗产。我非常荣幸，我家是安徽，我是非物质文化遗产第59代传承人，在这里我非常感谢一个人——孙姐，她一直在启发我：你作为非物质文化传承人，又在做一些大数据，以及展示的层面，应该做一些传承的事情。

我想我应该在互联网里把非物质文化遗产以及传统的东西做一些创新，谢谢大家。

魏长仁：刚才我跟几位聊了一下，他们认为他们是炒菜的。先从这几位厨师开始，如何把我们的产品做好，把旅游产品这道菜炒好。包总，你从一个策划人的角度讲一下您的理解。

包奇宗：我们设计产品的理念是：消费者如果一辈子到这个地方只来一次，我们将怎么安排时间、空间和体验的细节。我们更多的是致力于回到消费者价值的原点，原来常规产品的六要素全部打散，按照这样一个设计理念重组：我们认为消费者他要拿出时间、金钱、精力来参加一次旅行是很难得的，我们做旅游产品要对得起他拿出的时间、金钱和精力。现在的旅游产品，要做到让你的父母或者亲戚朋友都愿意来，这是最基本的。其实《旅游法》的目的也是让旅游回归本质，否则像旅游中的强制购物，再加上互联网点上风云的变幻，最后旅游会一塌糊涂，所以我们在做产品的时候，始终告诫自己，首先是正心，你的心要正。你在设计这个产品的时候，你的心正了，你的消费者也会收获到。你在产品设计过程当中真正用心了，你确实付出了，就像大长今做菜的时候，是有喜悦与笑容的。

我们深度公司作为一家第三方机构，是来处理、解决问题的。我们认为，作为一个好的旅游产品，你作为地接社很好，作为组团社也很好，但它里面都有各自的短板。我们作为第三方机构，做产品时，更多的是要考量那些目的地资源的价值，甚至一个目的地给消费者的体验价值。它的魂到底是什么？有没有找到这个魂？（消费者）每一天只要有一个高潮就够了，如果高潮太多，消费者也受不了。所以我们在做产品的时候，比较纯粹，致力于解决问题。在设计的时候我们在思考，做这一个产品，就要想做这一类产品，做一个品类。比如说"东北摄氏度"，我们把它定为"感性旅游"；"品读江南"是"知性之旅"。这些产品拎出来都是一个品类，可以换目的地，只要把这个产品的基本要素和模块拎出来，就可以成为一类产品。

我们深度公司在创新方面，不仅仅局限于做产品，我们在思考，我们是基于什么——问题解决型的一种公司。比如说一个产品的体验，或者是这个产品的营销问题究竟在哪个点上突破？不一定用一些常规的营销套路或者工具，我们有更多的思考。举一个例子，云南的客户委托我们做一个策划，或者在踩线过程当中做一些策划。我们在做得过程当中会提出，目前的一些旅游资源，在旅游产业链环节中，还有什么商业机会？可能这个机会会给这个产品带来另外一种价值。如果只是算人头的钱，那是有限的，所以我们会跳出来思考，为委托机构带来更大价值，也给消费者带来更大体验价值。

陈长春：我觉得现在好产品不缺，因为我们遇到一个旅游借助互联网大发展的时代。但是我们很多做互联网平台的人在喊没有好产品，以世纪中润为代表的产品提供方说我们这里有好产品。如何让信息更对称？在座的各位艰辛地走过了创业的过程，在这个创业的过程，为我们创造了一个很好的平台，一个很好的时代。我们有途牛这样的展架，有携程、有住哪儿，但是怎么把我们的产品打扮得符合相应人群的需求？我觉得这不是平台该考虑的，应该是产品方该考虑的。就像打扮一个新娘，人是你自家人打扮，你不能让抬轿子的打扮。只有你自己的人最懂得在设计这个产品的时候，怎样去包装它，它的亮点在哪里。我们作为策划方，作为包装方，仅仅是一种提醒。

我接触过很多客户，他们觉得我神通广大，认为我们是点金石，一点你们这儿就成金子了，不是的，更多的工作是产品方自己去做，我想世纪中润有深切的体会。策划方给你提供了一个很好的理念，一个很好的游客心理需求，你需要去针对自己的实际，怎么去落地，你要考虑很多，而不只是拿给你一套方案你就去卖钱了。如果这样，在座的都成了百万富翁、千万富翁了。所以我谈一下创立远方网的初衷感受，这和刚才住哪儿网刘总提到的一样。有很多产品商在OTA上，在互联网平台上展示自己的产品商，产品从研发出来上市开始，照片五六年都不换一次，描述文字跟政府公文一样，这种东西丝毫激不起大家的购买愿望。现在竞争这么激烈，大家需要的是最能打动他的那一句话。远方网成立初期，我在填鸭社区做旅游版版主，那时我和很多客栈老板打交道，这些客栈的老板整天在我的版里打广告。后来我告诉他们，你就发一个帖子，给大家提供旅游咨询就可以了，他既然已经向你咨询了，他去云南旅游，他不会去住你的客栈吗？我希望在座的产品提供商一定要把信息服务和产品绑在一起，如果没有信息服务，你的产品很干瘪，和其他产品没有任何差异。如果你不做这件事情，别人做了，那么就意味着你的产品被拷贝了。

魏长仁：您觉得这几年入境游的情况怎么样？可能不太好，是不是和大的经济环境有关系？先从入境游产品角度，谈谈入境游的好处是什么。

张进强：我大学毕业到北京，第一份工作是英文导游，工资是400块钱。我连续做了几年的英文导游，主要做两件事：第一件事是带团，大的团500人，小的团一个人也带过。第二件事是"炒菜",看谁来吃我们的"菜"。我们有两款产品,有一个"荤菜",有一个"素菜"。入境游的顾客群是老外,我们很明显地感觉到,一是老外的口味变了,二是我们的"菜品"变了。比如说黄金周,各大景点人群乌泱乌泱,所以我们现在尽量不向老外推荐黄金周产品。另外是我们中国有那么多世界遗产,国家旅游线路有12条,但现在老外更加偏向一些深度体验的产品,我们网站上前年上线第一天抓到一个法国团,他们不去苏州、南方,去甘肃、宁夏,然后去新疆沙漠租了一辆越野车,玩得非常好。第二年这个团又来了,他说把我们旅行社的手机号丢了,你们能不能给我介绍一下。

我们在做入境产品的时候,要针对4C的营销理论,第一要了解客户需求的变动。第二,能不能为客户考虑多一些方便性,比如有些景区在央视投了很多广告,可是国外连它的产品线路都没有,搜都搜不到,包括福建土楼。我们确实做了很多努力做品牌营销,但是当我们翻墙到国外去,看到很多网站上连影子都没有,连官方网站都没有。我老家是土楼的,我做做广告,希望大家到我们家做客。

我们的"荤菜",就是目的地营销业务。我们的顾客主要是旅游局,比如向老外推荐新疆。怎么向他们推荐?我们帮助他们找到了一个方向。马可波罗进入中国的第一站不是首都北京,不是大都市,他进入中国的第一目的地是新疆,应该叫集散地。我们从谷歌公司发布的调研报告中了解到,老外对于中国的省份地域是没有任何感觉的,但是丝绸之路老外都知道。新疆在国外做推荐的营销口号是:美丽新疆,丝绸之路在召唤。提一些建议,比如说我们的宣传片能不能不用以前的老套路。

魏长仁:今天的创业家年会,来的更多的都是旅行社老总,包括创业型的旅行社和转型期的旅行社代表。入境游这部分,北京和国旅可能做得比较多,西安和桂林都有做得比较好的地接社。你觉得创业型的旅行社或者地接社有机会吗?

张进强:当然有机会。入境游这部分,全中国范围内英语国家的客源大概是500万人,但这500万人里面只有不到50万人是通过中国境内的英文网站进来的,剩下450万左右的人进入方式是非常分散的。你怎么去获取信息?非要建一个网站吗?有没有别的方式?我知道北京有几家境外地接社,他们没有网站,但是一年的流水非常多,他们是淘宝旅行、去哪儿网和携程的供应商。我们能不能站在巨人的肩膀上？在营销渠道方面想一点办法，如果品牌和服务都做得很好，超出客户的期望值，我相信是可以做到的。

贾建强：我现在把自己变成一个旅行社人。在座的很多人来自组团社或地接社。我前几天在桂林参加了桂林民间旅行社组织的旅游团，桂林民间旅行社跟下面的很多旅行社都有一个大的方向，即坚决不做直客，就做批发。我发现他们的标准化是非常一致的。我说你们这么一致是做给谁看的？听他们讲完之后，我认为对于地接社来说最好的营销是什么？是要把你的服务给你的渠道商看。就像途牛的"我送爸妈看北京"一样，你的产品是做给你的渠道商看的，你要做出诚意来，我认为好的营销一定要有好的服务。其实在线旅行社的交易额非常小，真正大的空间还在于服务，尤其是三四线城市，至少还需要三四年时间去挖掘，发展新客不如沉淀老客。我的观点是，真正好的营销就是好的服务。

赵丹丹：我在旅游营销层面不如大家，作为一个后辈，我认为旅游营销创新首先要有一个非常明确的定位，比如大学生会选择什么样的产品呢？如果我是一个大学生的话，毕业旅行我会选择什么样的地接社和什么层面的旅游。去哪儿？住哪儿？跟谁去？6人游网也是可以组团的。所以我们首先要明确定位产品、价格，以及通过什么渠道让大学生了解这个产品。

魏长仁：今天这个环节讲营销创新，尤其是创业型企业，或者是转型期创业企业的营销创新。现在一些大型的在线网站，要不然上市，要不然就像途牛那样有巨额资金。对于创业型和转型期的中小型企业，要想做营销创新是有困难的，在这样的背景下，如何应对现在的局面？具体应该怎么做？几位专家讲一下自己的观点。

包奇宗：我谈一下地接社应该如何应变。地接社相当于旅游产品的生产厂家。如果你有品牌化的产品，你是可以面向顾客的，你可以给电商的很多分销商，也可以给组团社，你也可以直接吸引散客。未来的趋势是什么呢？因为交通越来越方便了，以后的自助游、半自助游、目的地集散会逐渐成为一种趋势，旅游会成为生活的一种载体，或者一个背景，会变得很简单。以后旅游就会是无形的，可能就是几个朋友见面，我们约在哪里见，那个时候不说旅游了。旅游的趋势是不同的圈子在玩的一种社交、一种交流而已。如我们给五悦景区连锁酒店做规划，他们专门在5A景区收购一些便利型酒店做连锁，我们给他们的概念就是未来向不同的5个主题方向去发展，包括：摄影、养生、户外、心灵和健康。未来的趋势真是这样,地接社已经有所行动。你开始聚焦的细分人群市场就还有机会,因为你可以比对手更早地去考虑,或者你考虑得更长远。你能够去把控一些资源,比如说摄影,也许你会认为摄影是一帮喜欢玩摄影的人的事情,但是摄影产品也是有商机的,因为那些玩摄影的人没有把它作为摄影产品的品类去发展。摄影产品是可以细分的,可以细分为初级入门的"伪摄影"或者拿手机iphone的,有些是去学习的,有些是去交流的,有些是因为某一个特别好的景点,他要去玩。摄影这个旅游产品的品类可以细分,可以做得很专,甚至以后你所要做得渠道都不一样,没有必要卖给旅行社。

陈长春:我觉得作为产品提供商,在转型期心里肯定很难受、很纠结。作为产品提供方,唯一的解决方法是放下营销。其实现在很多产品提供方很焦躁,这恰恰是不对的,你应该把精力更专心地用到你的产品上,怎样实现差异化,更突出自己的优势。对于当前互联网信息不对称的问题,有好的渠道存在,只要你有好的产品,这些渠道商自然就会来找你。你在微信上发出一条消息,这些人就会蜂拥而至。怎么开发得更好?其实这回归到旅游的本质。旅游是什么?旅游是给人做精神按摩,旅游是所有产业中跟精神最相关的,但又与服务密不可分,所以有中国旅游创业家协会,有旅游创业论坛。我没有听说过其他任何一个行业有什么创业协会,这就可以看出旅游是人们的感情生活、思想生活与现实生活综合起来,交际性最广、涉猎面最广的一个行业。在这个行业里面,既然是给人做精神按摩的,就要讲好手的力道,同时让人感觉愉悦。梦工厂是什么?梦工厂就是给人策划一个梦。大家心知肚明,我是冲着梦来的,只要你让我舒服了,你的产品好,大家来做梦了,回去以后梦还没醒,这就叫策划。如果在中途还没回去梦就醒了,这就叫骗子、忽悠。

张进强:我们刚刚过了初创期,虽然市场很大,但是竞争还是比较激烈。我觉得初创期企业更多的不是讲创新,更多的还是讲生存。找到客户的需求,然后把你的时间和关爱给客户。你需要有一个目标,即你服务的人是谁;你要有一个愿景,但是你要花更长的时间和客户在一起。有一点创新,就是通过电子商务和互联网媒体,包括移动、微信,获取数据来帮助自己进行决策。我用更低的成本了解客户的需求,或者通过第三方的研究报告来了解客户,再决定用什么方法去兑现。比如任鑫的今夜酒店特价,他这个点其实每个人都有,第一要信得过,第二价格要有优惠,第三手机预订要方便,他就抓住了这个点,包括滴滴打车,只要你抓住了点还是有机会的。

魏长仁：你也在做营销的工作，请您讲讲如何帮助我们的中小旅行社或者是网站，更好地来做营销创新。

贾建强：首先，我认为旅行社并没有到一个所谓的变革阶段，只是旅游真正地回归到它的服务上去了。有些人会被淘汰，是因为这些人走到了旅游的极端，我认为真正的变化是回归。好多人感觉不适应了，这是因为你已经很多年没有做服务了。从营销角度来讲，还是应该把旅行社本质的东西拿出来，亮出来，把服务做到极致。我之前听360的周鸿祎讲过一句话，什么叫服务到极致？举个例子，我原来说好了要送给你一瓶酒，如果我就送给你一瓶酒，这是做到服务了；但如果我送给你一瓶茅台，你会感到惊喜。我的核心观点就是把旅行社其他的东西都放下，回归到服务的本质上来。

赵丹丹：与谭总分享了服务到极致的例子，我接着这个话茬说。比如说有一个从外地来的团，正巧赶上了北京的雾霾，于是旅行社一下买了800个口罩发给大家。试想一下，那么多人在北京的一个古迹或者是游乐场所里，戴着口罩玩是什么场景，一定很壮观。我觉得这是旅行社做到服务极致和人性化的表现。除了人性化，我们更需要一些需求导向，因为现在资源都不缺，有各种景区、各种路线，而消费者真正的需求在哪里？刚刚金鼠标的张总讲了，在需求导向上需要借鉴一些旅行报告或者大数据来细分。中图社的大数据平台就是来做这些完整的数据分析的。前阶段我们做了千岛湖一个完整的数据采集工作，几万人参与到数据采集当中，所以在整个大数据整合的同时，我们要细分出消费者到底想要什么。

魏长仁：刚才几位嘉宾讲了营销创新和产品创新。从去年《旅游法》实施，限制"三公"消费，旅游需求发生了变化。以前做团队游，出入境游都有比较好的状态，但是我们还是按照卖方市场的思维来做事情。随着互联网、移动互联网的深度普及和应用，在线网站觉得没有好产品，而批发商感觉自己的产品已经非常好了，为什么会出现这种差异？我认为还是在于买方市场和卖方市场的心态不同，或者说是变革时期的对接出了问题。实际上，如果我们用互联网思维来做这个产品，那么我们提供给用户的产品肯定不是由产品经理自己说了算，一定是数据说了算。贾总6人游的产品讲定制，也就是客户需要什么产品，他和地接社就定制什么产品。佰程网是基于大数据得出哪个产品卖得好，什么样的产品更适合或者更受用户的欢迎，接下来就强化这类产品的打造，一定是这样的思维，这样的思维才是买方市场的思维，而不是卖方市场的思维。

未来的旅游行业已经发生了这样的转变，我也呼吁每位传统旅行社者，包括在线旅行者，也包括我们劲旅，快速的学习能力和快速的应对能力是最重要的。

本轮的研讨到此结束，谢谢大家。

板块五：风险投资与旅游业的那些事儿

女主持：接下来是今天研讨的最后一个环节。大家知道旅游创业需要很多支持，其中包括智力的支持、资源的支持，更加离不开资本的支持。旅游业在2013年完成了融资40余起，投资圈一直非常关注旅游创业公司的发展。投资机构对旅游创业公司有什么样的要求和标准，什么样的旅游企业更容易赢得旅游投资企业的青睐呢？我们请来了几位旅游投资的嘉宾：法大律师事务所合伙人计静怡、郭佳肃、许谦、陈亮、袁润兵、曾振宇、王猛。

计静怡：我想提醒各位在座的创业家，这是一个大家基本上都有可能涉及的条款：在未来的融资过程中一定要注意风险防范。

今天有幸请来了6位这么帅气的投资家。产业的发展，只有与资本结合才会走得更远，走得更快，才会发展得更强大。这6位投资家将会给在座的各位创业家们提供很好的建议，并且很有可能看中了你们，大家要好好表现。

现在请各位做一下自我介绍，先从郭总开始。

郭佳肃：我在最近加入中国旅游创业家协会，从事协会下一步的天使会或是创新工厂相关工作。以前的工作涉及投资圈、旅游圈或实业圈，希望在今后的工作中能够和协会成员，包括旅游业方面的伙伴密切配合，找到好的项目，为大家服务，把真正好的项目做大做强。

许谦：首先我介绍一下公司的情况，复星集团是国内比较大的民营控股集团，总资产大概1800亿，以医药和地产起家，涉足的领域比较多，旅游方面也有不少投资，是国内A股上市公司寓言商城的投资人。最近复星在旅游相关产业中一个比较大的动作就是邀约收购法国的一家上市公司，这个项目还在进行中，如果这个项目收购完成，复星会成为它的第一大股东。复兴的VC在集团里定位于投中早期项目的平台。我们投资有三个大方向：第一个大方向是TMT，包括互联网和新技术；第二个大方向是现代服务业，包括大消费和医疗服务相关的项目；第三个大方向是清洁技术。我本身对旅游行业的投资非常感兴趣，希望跟大家交个朋友，看看以后有没有深度合作的机会。我做投资已经十多年了,二级市场、一级市场都参与过,也有项目在美国纽交所上市。

陈亮:我是泰山兄弟的合伙人陈亮。泰山兄弟过去的五年一直是用互联网的思维或互联网的方法来支持新兴的消费行业。主要有两个投资方向:一个是现代服务业。我们把现代服务业的东西进行优化,早期我们特别幸运地投资了拉手网、喜事网这样的公司,表面上是基础企业,其实我们更多的是看实在的服务,只是用互联网的手段和方法,提高服务效率,优化用户满意度。后来我们又跟段总和曾总合作了佰程旅行网,过去两年泰山兄弟基本从互联网角度为佰程做贡献,如何提高更多用户的签证业务。真正把互联网思维用好了,既能给消费者提供特别好的体验,又能降低成本,这块存在一个巨大的价值落差。我们跟DCM有很多合作,花很多时间来看这个纬度和角度。最近有幸和贾总合作6人游,我们是小投资人之一。贾总打动我们的是能用技术的方法和理念,既提升旅行社服务的标准化和用户体验,同时又降低渠道的成本,所以泰山兄弟追求的是创新带来的价值落差。另一个是消费者,泰山兄弟也会投资一些消费者。最近炒得比较火的大象安全套,也是泰山兄弟投资的。这是一个什么公司?到底是个消费品公司还是互联网公司?我认为它既是消费者公司又是互联网公司,因为从小米等公司开始,互联网和消费者已经融合在一起了。泰山兄弟希望能成为支持大家的企业。泰山是具有兄弟风格的企业,跟很多企业都有多年的合作,希望跟大家成为很好的朋友和兄弟,一起扶植你们创业。

曾振宇:我是来自DCM的曾振宇。DCM专注于互联网和新媒体领域,在世界范围内都有投资。近些年在国内的一些投资包括:去年投资了58,再早一点是唯品会A轮投资人,也是当当、易车的主要投资人之一。我们在这几年非常关注消费互联网的概念,关注如何用新的渠道、新的技术,对原有的服务和产业进行升级和改造。旅游是这里面非常重要的分支,我们对旅游业也一直有很强的兴趣。我们觉得旅游成长得非常迅猛,但是也是刚刚开始,我们也是途牛的投资者之一。今天很高兴和大家认识,希望今后大家能多交流。

袁润兵:我来自清科创投,我们投资过很多项目,像百合网等。

王猛:各位好,我是奇迹资本的王猛。我们公司在4年前成立,那个时候一直在创业,现在稳定下来。我们公司从今年春节之后开始做1000万以下的单笔天使投资。我们公司另外一块业务是以顾问的方式为企业做服务,与其他公司不太一样,他们是挑出来毛病后不投,我们会帮你们挑出长处后告诉你怎样更好获得投资,拿到更好的价值和条件。这4年我们公司也做过互联网方面的项目，其他的项目可能稍微偏离互联网一些。各位都会用苹果手机，苹果、三星、诺基亚等你能想到的所有非山寨的品牌，它的售后服务公司都是我们的客户。我们也给中国移动和中国联通做售后服务，做基站维修公司的服务。国内最大的数据公司，国内最大的电子竞技公司，上海做指纹支付的企业，我们都参与。

计静怡：大家都了解了这些机构和他们个人的经历，包括他们取得的骄人业绩，同时也包括每个机构关注的行业和聚焦点。我有一些问题想跟各位嘉宾研讨。先从王总开始，我们从投资的角度回到项目这边来。旅行社主要是组织游客出行的，但并不是每一个游客都适合跟团游，这就需要旅行社扮演一个类似于顾问的角色。奇迹资本作为创业者的投资顾问，请您说一下您如何与看中的这些创业者，建立了信任关系和合作关系？给我们这些创业家提一些建议。

王猛：我就自己的观点简单说一下。我是做投资和顾问出身的，但是我平时也是一个特别喜欢旅行的人。现在的旅游产品根本不丰富，我同意这一点。我每年有两个假期，加起来差不多是一个月的时间，这一个月我喜欢在一个目的地长期待着。比如去年8月份到9月份我在欧洲，有一个很诧异的问题：我去了捷克一个著名的小镇，有一个小餐厅，在中国很多攻略里面都出现过，我一进到这个餐厅中的一个大厅就傻眼了，我说这是怀柔吗？怎么全是中国人？因为太多的攻略是重复的，遇到的东西大家都是在反复用和吃。我的一个朋友在捷克待了15年，他带我去了一家餐厅，那个餐厅里一个中国人都没有，而且餐厅的风格非常独特，没有电全是蜡烛，有猪肉、肘子，我们吃得很开心。虽然中国每年有9800万人出境旅游，但还是有很多地方值得开发。对此我是这样理解的：各位创业家老板级人物都有机会出国旅游，比如去捷克、德国、法国等，但是我们的编辑多数都没出过国，所以他们只能去网上摘东西，因此我认为旅游挖掘还是不够的。

中国人越来越有钱，往外走的欲望越来越大，看世界的欲望也越来越强，未来的市场可能会有几倍的翻越。我们公司也涉及一些天使期的项目投资，我们会很刻意地回避一些在这个行业很火的项目，比如订机票和酒店的平台，我说得有点绝对，可能旅游学院的同学说我毕业以后要做一个订机票和酒店的平台，虽然说有一定的成功几率，但是这个几率已经是非常小了。比如再做一个携程，再做一个去哪儿，这个挑战性非常大。所以我们的投资会沿着这个主线往下面找，因为旅游的人群起来以后，会带动其他附属产业持续性的发展。比如我们正在做一个项目，是国内最大的摄影器材的点上平台，我们正在帮他们转型。有做旅游的企业家想跟他们合作我们是很欢迎的，因为之前被京东冲击之后，毛利非常低，所以他们也在寻求毛利更高的方式。

我每次出去要背着三个镜头、一个三脚架、一个闪光灯，特别麻烦。前天和一个朋友聊天，他前一阵要去北极拍北极熊，他说400的镜头去一个地方只能用两次，包括不能直接把一些镜头下到深水里去，要弄一个下水的壳。购买深水壳要一万块钱，租一次可能要200块钱，这个就没有必要买了。我们可以借鉴医疗方面，百度正在收拢关于医疗问答的体系，我认为在旅游这方面也是会出现很专业的咨询和问答的网站，甚至演变成视频。现在有一家做医疗视频方面的网站，当然不是我们客户。可能大家想听医生在怎么讲等内容。我经常翻一个老片《正大综艺》，因为视频会带给我更多的东西。我会在一些网站上寻找我的攻略，比如百度旅游等，这是我在旅游方面最常用的一个网站。但是我发现百度旅游提供的东西很少，很多攻略性网站提供的内容也很少。我开始往视频上追，我追《正大综艺》，通过视频寻找更多旅游的方向，现在我觉得这个方向又倒回来了，就是把一些旧的东西再折回来。现在要深挖掘一些旅游的服务，这是我们应该关注的点。旅游的基数太大了，它给创业者提供的机会也会更多。

计静怡：我个人的想法不知道对不对，刚才您提到您看项目的角度是前瞻性加上怀旧。提到境外深度游，我想是不是要让所有创业家的小编都去全世界游一遍。您又提到了可以做视频的攻略网站，这又是一个创业项目，让我大开眼界，谢谢。

袁总，跟您探讨几个问题。去年清科集团曾经携民生银行举办过文化金融、创新工会。您本人对文化也是有很多研究的，您是否认为旅游是与文化相关的行业？互联网旅游创业团队，如果跟文化相结合，是否会有更大的发展空间？也就是说怎么样做好跨界融合？

袁润兵：首先，我认为旅游一定要跟景点结合，跟文化结合。其次，旅游就是服务，要关注与产品相关联细节性的东西，发掘更深的超出消费者预期的产品。如果把旅游本身做成非常传统的东西，比如传统酒店、传统机票，我觉得格局已经形成了，因为有传统的旅行社、传统的酒店集团，看上去没有太多的新意。如果是把旅游做成一个消费产品或者是跟文化产业相结合，应该是一个方向。餐饮市场可能比旅游市场还大，人在旅游过程中一定是有饮食需求的，有没有人做这样的事情？我目前没看到。

计静怡：刚刚袁总说到旅游和跨界的融合，我觉得非常重要。虽然我是云南人，但是我没有去过红河，很遗憾，我想我一定要争取做一个意见领袖，回我的云南老家，到红河去看一看。类似于像王总红河文化挖掘的例子，再一个是刚才王总提到的摄影旅行，之前包总也提到过。关于摄影专项旅行，是不是能作为一种旅行跟文化相结合的产品呢？

袁润兵：我觉得文化是很泛泛的问题，包括动漫、电视剧拍摄或者演出，像话剧等，它是一个具体的东西，如果我们把它做得这么具体，东西会非常少；如果做成泛文化，东西会非常多。

计静怡：谢谢袁总的指点。请问曾总，我知道您所在的DCM集团，主要方向是跟互联网相关，都是一些非常有名的项目，包括今天参加会议的途牛网，也是DCM投资的，其他的包括58同城、湖畔、豌豆夹、麦包包，这些都是我非常熟悉的品牌。我们想知道，DCM投了这么多有影响力的互联网公司，对于那些刚刚起步的团队来说，你有什么建议能让他们成长得更快？

曾振宇：每个公司成功也好、不成功也好，很难有固定的模式。成功的公司我们在一起走了很长的路，从三五个人的公司发展到十亿美金的公司甚至更大，很难有一个固定的公式告诉你如何成功，因为成功的人有各自的方法，但是失败反而是有一些共性的，有一些失败的特点需要去避免。关于早期的团队组建，我指出几点供大家借鉴。整个团队应该是团结战斗的团队，这很重要。早期团队可能会有两种倾向：一种倾向是全是亲戚朋友，或者全是大学同学，我们找一些最信任的人组成这样一个小的团队。这样的团队在成长过程当中遇到的最大问题就是团队成员背景相同，能力不互补。另一种情况是因为我要拿VC的钱，我可能组了5个同领域的人，大家心怀鬼胎，都是有利益的时候在一起，稍微有点风吹草动的时候就四散。这是个很大的问题，因为创业从来都不是一帆风顺。早期的时候建立创业团队，一定要把合适的、有水平的人找在一起，同时还应该有共同的价值观，大家能够共同作战，这个非常重要，当然也非常不容易，但这是建立一个成功DNA的第一步。

第二条可能对早期的创业团队有帮助，就是大家确立一个比较合理的股份结构。我们经常看到早期创业者在一起的时候，有几种方法，要么就是5个人每个人20%，5个人都是平均的，比如大学寝室成员一起创业，每个人都是一样的，这是一类。另外一类是谁出钱把大家雇用起来，100%都是谁的。我看到比较成功的公司,可能是有一个最重要的创始者占较多的股份,其他联合创始人有一定的股份。这样的结构比较稳定,它既能够保证在需要决策的时候有一个主心骨,同时又能够保证每个早期的创业员工对这个公司有足够的归属感,在风暴来临的时候还愿意在这条小船上。

第三条是大家需要有一个开放和善于学习的心态。创业这个过程其实挺长的,因为每个创业者都有自己擅长的和不擅长的,有的人对产品很熟悉,但是对管人根本没兴趣。快速成长的过程可能是你想要的,要在短期内训练学习。本着完成这个目标的使命,你缺什么样的人就找什么样的人,缺什么样的技能就补什么样的技能,所以开放和积极的心态特别重要。

这里面很难讲有什么固定的秘诀告诉大家,只是说我们多思考如何建立起一个积极的健康组织结构,怎么培养出一个积极向上的文化,我想创业团队的机会就会更多一些。

计静怡: 谢谢曾总。陈总,您是泰山兄弟的创始人,我刚才说了我祖籍是云南的,但是我从小是在山东长大的,一说泰山兄弟我马上就想起泰山来了。在你的创业公司当中,有哪些已经成为了泰山兄弟的兄弟呢?想成为泰山兄弟的兄弟,需要具备什么样的基本素质呢?

陈亮: 提到泰山天使,因为后来和很多企业家走得非常近,包括五当兄弟,二期之后我们就干脆改叫泰山兄弟,长期来说是帮企业家在各个领域成长,跟企业长期走在一起。我本人不是山东人,我来自大城市铁岭,国际大都市。刚才我介绍了一下泰山兄弟,和段冬东一起帮佰程二次转型,这是泰山兄弟第一个真正意义上的旅游案例,跟曾总和段总合作也让我们学到了非常多的东西,我们学到了如何真正地帮传统的企业家做二次转型,然后从他们的角度看到了客户真正需要什么。冬东经常跟我说的,旅游不是一个世界一个梦想,而是不同的人有不同的需求。我们贡献的一点是如何利用资本,如何利用互联网的效用把它做好。最近跟贾总做的6人游也很符合我们泰山兄弟的服务理念。我很羡慕在座的各位,今天有很多旅游创业者,还有二外的学生,大家面临的机会最好。旅游和一般行业不一样,旅游对于泰山兄弟来说应该是说重点、最大的一个行业。昨天在桂林参加旅游峰会我也分享了一下。当初日本经济腾飞的时候只有三个趋势:一是日本人疯狂地买奢侈品;二是日本人疯狂的海外旅游;第三才是日本人去海外置业。那时候出现了很多旅游企业。今天中国就处于这个阶段,可能今后10年20年都是这样一个机会。今后有10到15家甚至20家的泛旅游行业里面，可能是创业板、中国主板的创业公司，是美国纳斯达克的中国的创业公司，甚至下一步有可能超过游戏公司。以前娱乐消费少一点，咱们玩游戏，当然游戏也会有一个高潮，但更多的其实是大家有点钱之后全去旅游。我和段总几个人过年一个月时间在海外，一边修行一边娱乐一边玩。我们已经养成习惯了，全是出去旅游，一个月甚至更长一点时间。分时度假都开始了，这个市场太大了，这么大的市场里面会有很多机会。

第二条，后面怎么做呢？下一步中国建设的是精神文明，我们在桂林会议上说了，物质文明是把效率提高，咱人不用一天工作16个小时了，咱们工作5个小时，剩下19个小时干什么呢？精神文明，就是娱乐，娱乐里面最关键的就是旅游。最关键后面是什么？我们认为就是你能卖梦想。下一代所有的旅游产品必须给大家卖快乐、卖梦想，这个是我们会看的旅游标准。很多人找泰山兄弟融资，"你做什么业务？""我做酒店，我比别人便宜5%"，我马上掉头就走了。下一代产品应该是考虑怎样把酒店做得更个性化，更优化。像我们进迪斯尼一样，我10年前在迪斯尼工作过一段时间，但迪斯尼给人一种很兴奋的感觉，旁边的环球影城让你感觉很好玩。下一代的旅游创业者一定是造梦者和卖梦者。

最后一条是要把新的技术理念用好。今天的旅游创业者如果还不知道海外的模式，包括如何用技术手段把服务的效率提高，这是比较危险的。你是做酒店的、租车的还是分时度假的，在你的行业里怎么用。这些技术手段是效率杠杆和武器。如果不把这些模式用好，很可能被淘汰。下一代旅游最注重的应该是体验，导游能个性化吗？能。这些模式在海外，甚至在中国的不同行业已经有了。一定要把这些新的技术理念用好，这是我的第三点贡献，谢谢大家。

计静怡：我们的工作是成就别人美丽的人生，这是多么大的一个功德，旅游创业家们加油吧！许总就职的复星集团是投资界的航母，2014年移动互联网方面发展的旅游创业公司越来越多了。请问，具备什么样的基因或者特质，更容易获得投资人的青睐？

许谦：投资移动互联网有很多要素，它里面有一些基因，归纳一下，谈谈我的看法。

第一点，如果是在移动互联网里创业，要有一个很重要的基因，就是移动互联网基因。他首先得是移动互联网的用户，如果他自己都不用就来创业，自己没有用户体验，很难创业成功。如果年龄太大了会有一些影响，年龄确实是影响因素之一,很多创业英雄都出自少年。其次,确实要懂一些技术,技术方面或者是他自己很懂,或者他团队里有技术大牛,或者是他能够带领这些人创业。另外,管理运营方面他要能够做得好。

第二点,要看这个市场,移动互联网要跟具体的行业来结合。首先,他要能抓到用户的需求,而且是一个比较强的需求,有时候形容为痛点,或者说它能让用户尖叫,这样比较好。其次,市场空间应该比较大,如果是一个小众市场,作为我们投资人来说,可能就会觉得很快就会到天花板了,这个故事的想象空间比较小了,就会影响投资。当然,市场空间小对于创业者来说未必是一件坏事,做小而美的东西也很好,这一点可能是看问题的角度不太一样。

第三点,模式的创新,在运营方面做得怎么样。我们在前面说到移动互联网行业,说到了市场,其实最关键的还是团队。曾总已经对团队做了一些论述,我简单说几句。

首先,团队需要具备行业的经验。比如作为移动互联网旅游,要么是移动互联网方面技术强,要么是旅游方面经验丰富,如果两个方面都具备是最好的。团队很重要,一个人不会是三头六臂,他要带领一个团队,老大应该是最强的。

其次,团队的学习能力要强。这一点其实是中国的特色,因为美国硅谷的创始人,把企业做到一定程度就可以换人,但是我们目前观察到的现象,在中国这个事就比较难,一旦换人了这个项目往往就烂掉了,我们可以看到无数的教训。团队最重要的一点是心胸和抱负,刚开始的小创业团队可能体会不出来,但是这一点对我们投资人来说很重要。团队如果小富即安了,没有很大的抱负,这个项目或者这个公司的发展就会有很大的局限性。可能每个创业者开始都有雄心壮志,但是他能不能坚持下去,始终如一,遇到挫折的时候能不能保持坚强的斗志,这一点很重要。

计静怡:许总讲了一个有发展前景的公司,最重要的一点是要有很好的学习能力和心态,这一点在座的各位创业家已经具备。再就是要有强烈的欲望,不能小富即安,不能为小小的成就而满足,有强烈欲望的同时要有广博的胸怀。

问一下郭总。郭总是中国旅游创业家协会的副会长,同时郭总有自己的企业,是为传统餐饮行业提供全新的技术,这对传统餐饮行业的发展起到了非常重要的作用。请郭总介绍一下他已往的经历,同时请问郭总你在餐饮行业成功的经验,是不是可以在旅游相关的其他行业复制呢?

郭佳肃:主持人抛出的这个话题比较难阐述,因为它涵盖的东西让我回想起近十年的事情。

今天分两个部分与大家分享。第一个部分,我今天的身份是中国旅游创业家协会副会长,我们后期要成立创新工厂和天使会,我们协会专注于旅游行业,试图找到风口。大家可以看到很多80后、90后已经成长起来,今天早晨发言的一位创始人是89年的。其实我们站到风口上的时候有很多的机会,旅游行业的特点促使我们不一定高大上,小而美也挺好。旅游创业家天使会将分阶段来做,第一阶段就是想做小而美的东西,我们想帮助协会成员完成小而美的梦想,想帮助二外酒店管理学院和旅游管理学院的老师和同学共同完成梦想。虽然是在初期,但是我也做了一些构想,我希望和大家分享一些实实在在的东西。

今天就说几点吧,比如我们早期对商业模式的思考。因为早期对商业模式的思考,决定了后期很长一段路,决定了我们的DNA。我们在早期资金方面做了一些对接工作,协会近两年的活动如培训,帮助线下旅行社的落地,我们结合创业者一定的资源去落地做事情。旅游创业家协会天使会的创业初期或是筹建初期,希望能够给大家尽量多的分享,可以给大家推荐一些专家团队,或者介绍前期成功和失败的经验,我相信这些都是无价的,都是用时间和心血凝聚成的宝贵财富。我作为中国旅游创业家协会天使会一个不太成熟的筹建者和负责人,我在思考能真正给大家分享什么。

那么何谓成功的经验?主持人提到了屏芯科技,我用尽量简短的语言介绍一下我的个人经验。

首先,从2006年开始,我做的第一个公司是屏芯科技有限公司,这个公司当时解决什么问题呢?当时我们觉得所有餐厅,都存在速度和人员的浪费,我们就做了一款产品,点菜宝。这款产品在2009年、2010年餐饮行业已经排到了前三位。实实在在的50万台机子在全国10万家餐厅使用,每天收回的上亿条数据给了我们公司强大的支持。这个过程中有失败的东西,也有非常欣慰、非常成功的经验。屏芯科技公司当时做这款产品,一直走到今天,在行业里能够算是领先产品,有三个方面值得跟大家分享。第一点是当时的专注。我不认为一个很虚的东西能够走多远,我不认为一个流行的产品会流行一百年,但是你要专注把一个点做好,做到极致。毛主席说为人民服务。我们当时内部提出来,说咱们能做到什么程度呢?只要用户说有什么问题,我们就全心全意为人民服务。就奔着这个梦想。当时不想做多,只想做点,找了一个点,不一定很好,但是我们凭借这个点脱颖而出了,这是我的经历。

第二个点是内部颠覆。现在点菜宝产品占市场份额的30%,我们的员工很有成就感,走到哪儿都是我们的人。5年前最早的点菜宝,现在我们已经不研发了。后来的发展过程中,我们专注和颠覆各种东西,包括后来平台的发展。2008、2009年,公司旗下一个公司做智能家居、智能酒店,延续了这条路,通过一年多的发展,去年拿到的销售额就已经非常大了。去年我们专注于北京的空气质量指标PM2.5,和清华团队做了一个东西,就是为了解决PM2.5和甲醛的问题。这几个公司陆陆续续地给了我什么东西?我认为有必要跟大家分享的是什么呢?

我们在创业初期,无论是毕业的学生、旅行社的朋友,还是会员朋友,早期应该怎么思考,应该怎么颠覆。今天上午大家用了一个词,叫"焦虑",但是焦虑不管用,我们应该做什么?今天戴院长说了,他觉得这个行业需要投资,需要天使会,需要创新工厂,那么我们创新工厂或是投资能帮助大家什么,仅仅是钱吗?当年屏芯公司包括大众点评在内,有多少钱对接呢?其实不仅仅是钱,钱是加速的东西,并不是说钱拿来大家都把它分了。投资朋友是希望帮助大家。我个人认为,如果钱用不好会带来反作用。

我希望跟大家分享的是一些真正能够颠覆我们的思维,能够找到真正的盈利模式,之后才想到融资,才去想扩大。自己要先想清楚,我做了一件正确的事,做了一件坚定不移的事。从2008年到现在,经历的重重困难让我可以多次的放弃,但唯独坚持是我唯一的执念。

计静怡:谢谢郭总,他的亲身经历告诉大家怎么把一个公司发展好。

资本是企业发展的助推器,资本的意义不仅仅是钱的概念,资本给创业家带来的不仅仅是钱,资本背后除了资金之外还包括商业模式,包括一些知识结构,一些其他的资源的导入和帮助,所以今天请各位投资界的大佬们集聚一堂,感谢中国旅游创业家协会所有的成员,感谢他们邀请我们投资界的大佬们,能够在未来的发展道路上提供切实的帮助。各位嘉宾都表达过自己的看法了,我希望有一个互动的环节,看在座的创业家有没有什么愿意跟投资界的大佬们沟通?这个时候是钱摆在前面,看大家有没有强烈的欲望?

计静怡:最后请各位投资家送给创业家一句话。

郭佳肃：旅游创业，欢迎大家来旅游创业家协会天使会。

许谦：旅游创业，欢迎大家来找复星风险投资基金。

陈亮：旅游创业，欢迎大家来找复星和DCM。差异化在哪里？差异化在于你要给客户卖梦想、卖体验。这位姑娘你能站出来说，虽然说的时间稍微有点长，但是你敢站出来说，你们公司差不多，很好。很多人说我做旅游的，做旅游和做餐饮是一样的。我跟你旅游一次能有什么享受，回来有什么故事可讲，有什么爽的东西。这句话送给大家：做一个会讲故事的人，做一个敢讲故事的人，做一个卖体验的人，咱们一起建设中国的精神文明。

曾振宇：新的机会来自于模式的改变、渠道的改变、效率的提升，以及种种和旅游相关的细分行业，都会有很多大的机会和小的机会，希望各位都能找到自己的机会。

袁润兵：我们做公司过去是从无到有，现在变成了从快到好，不做得很快，但是会做得很好，这就是许多同行提到的体验。祝大家创业成功！

王猛：一，创业没有那么可怕，其实创业比打工还轻松；二，你一定要找到几个不要钱也跟着你能挺两年的兄弟；三，坚持住，成功就在不远处。

计静怡：感谢各位嘉宾，感谢二外酒店管理学院，感谢中国旅游创业家协会，我们会在他们的带领下，在投资家的帮助下，和我们的创业家一起，共圆中国梦，祝福大家。

男主持：旅游创业高峰论坛研讨环节全部结束，请北京二外酒店管理学院的秦宇教授做总结。

秦宇：我首先表达一下感谢，这个会议于去年12月份开始筹办，中间过了一个春节，只有很短的时间筹备，压力很大。我首先要感谢我们的合作伙伴，中国旅游创业家协会的各位同事，包括张德欣会长、孙憬秘书长、郭佳肃副会长等，包括温婧在内的中国旅游创业家协会的同事的支持和帮助。其次感谢我们学院的同事，我们接这个任务比较紧，在很短的时间里发动了很多学生志愿者，我们的老师也放弃了休息，来办这个会议，谢谢大家。第三个感谢在座的各位嘉宾，包括对话嘉宾和参会的嘉宾。主持人段冬东先生昨天晚上才回到北京。正是有了这样一批不计报酬、愿意为旅游业创新创业出心出力的人，这个论坛才可以成功。今天是周末，大家全程参加我们的论坛，我对所有的人表示感谢。我有一个请求：因为我们是第一次做这么大规模的旅游创新创业主题的论坛，还有很多不足的地方，各位可以通过各种方式，以各种渠道将不足的地方反馈给协会,反馈给我们,我们一定在今后的准备工作中改进做得不够好的地方,在来年的会议上能够给大家带来更多的思想分享、更多的收获。企盼我们明年在二外相见。

男主持:感谢我的搭档,感谢微信和今天设备的运营人员,还有摄影师,感谢各位嘉宾坚持到现在。二外是一个历史非常悠久的学校,从1964年建校到现在已经50年了,我想以二外的校训来作为今天的总结,应该是最合适不过的,大家加油。心怀天下,期待未来,期待2014年的精彩!朋友们,明年再见。

附　录

一、中国旅游企业创业发展简史

1999 年 5 月	艺龙于美国德拉华州成立。
1999 年 10 月	携程旅行网开通，总部设在中国上海。
2000 年 4 月	艺龙并购百德勤及其电子商务网站，进军旅游服务行业。
2001 年 5 月	艺龙转型并聚焦在线旅行预订服务行业。
2002 年 5 月	同程网诞生于苏州。
2003 年 7 月	同程网正式上线。
2004 年 2 月	穷游网由一位在德国汉堡市留学的中国留学生创办。
2004 年 10 月	艺龙在美国纳斯达克上市。
2004 年 12 月	李代山创办悠哉旅游网，开创旅游度假线路与电子商务结合的新商业模式。
2005 年 2 月	道格拉斯、戴福瑞和庄辰超共同创立去哪儿网。
2005 年 5 月	乐途旅游网正式上线。
2006 年 2 月	穷游网改版，名称改为"穷游"，加入了各大洲的自助游版块，其旅游信息覆盖到了全球。
2006 年 3 月	北京酷讯科技有限公司成立。
2006 年 7 月	著名的硅谷风险投资商 Mayfield 和 GSR Ventures 完成对去哪儿网的第一轮投资。
2007 年 9 月	风险投资商 Mayfield 和 GSR Ventures，以及 Tenaya Capital 完成对去哪儿网的第二轮投资。

2008年1月	上海悠哉国际旅行社有限公司正式成立。
2008年6月	驴妈妈网创立。
2008年7月	驴妈妈网获第一批天使投资资金。
2009年2月	欣欣旅游网的核心频道旅行社联盟正式上线。
2009年3月	途牛旅游网宣布完成数百万美元的A轮融资。
2009年9月	驴妈妈网完成数千万元的A轮融资，投资方为花桥基金和道杰资本。
2009年10月	酷讯旅游网成为最大的在线旅游服务公司Expedia及全球最大旅游社区TripAdvisor旗下企业。
2009年11月	去哪儿网在北京宣布完成第三轮1500万美元的融资。该轮融资由GGV Capital领投，之前所有投资人包括Mayfield Fund、GSR Ventures和Tenaya Capital共同参与。
2010年3月	陈罡和吕刚决定正式开始商业运营蚂蜂窝。
2010年4月	全球最大的网址导航站hao123收录欣欣旅游网。
2010年7月	悠哉旅游网获得今日资本500万美元风险投资。一个新的悠哉时代即将展开。
2010年12月	驴评网成立。
2010年12月	驴妈妈旅游网获得红杉、鼎晖联合亿元注资。
2011年初	蚂蜂窝网获得了今日资本500万美元A轮融资。
2011年4月	途牛网完成由红杉资本、乐天集团、DCM、高原资本等联合投资约5000万美元的C轮融资。
2011年5月	腾讯通过向艺龙投资8440万美元，购买了艺龙新发行股份之后，占艺龙总股份数16%，成为艺龙第二大股东。
2011年6月	今夜酒店特价创始人提出创意并着手开发。
2011年9月	驴妈妈旅游网获得C轮注资，注资企业为江南资本和红杉资本，金额为1亿元。
2011年10月	悠哉旅游网获得今日资本2000万美元风险投资。
2011年12月	酷讯旅游网母公司TripAdvisor在纳斯达克成功上市。

2012年1月	遨游记网上线。
2012年2月	金叶酒店特价正式公测，官网上线。
2012年初	在路上获得国内某知名天使投资人投资。
2012年3月	悠哉旅游网在北京成功收购出境国际旅行社，现更名为北京悠哉国际旅行社有限公司。
2012年5月	原先的遨游记网更名为面包旅行网。
2012年5月	蝉游记网开发启动。
2012年5月	今夜酒店特价完成第一轮风险投资。
2012年7月	在路上网获得红点投资A轮融资。
2012年8月	蝉游记网站公开版上线。
2012年12月	同程网拟A股上市，接受上市辅导。
2013年2月	同程网获得腾讯、博裕、元禾三家机构5亿元投资，资金已全部到账。
2013年3月	在路上网获阿里资本的百万美元A+级别投资。
2013年3月	面包旅行网获得祥峰投资（Vertex）的A轮投资，金额为200万美元。
2013年4月	蚂蜂窝宣布获得1500万美元B轮融资。本轮投资由启明创投领投，蚂蜂窝网A轮融资方今日资本也进行了跟投。
2013年11月	去哪儿网在美国纳斯达克上市。
2013年12月	面包旅行网获得宽带资本和祥峰投资，数百万美元B轮投资。
2014年1月	携程网正式宣布完成对定位于游记工具和旅行指南的蝉游记网的控股。
2014年1月	京东商城以现金加股票置换方式对金叶酒店特价进行收购。

（李橙　王璐瑶　整理）

二、2013年国外旅游企业创业事件

1月	Booking.com 大举进军度假租赁领域。 Booking.com 全力进军美国市场，并启动了主题为 Booking.yeah 的广告营销宣传。 团体旅游网站 Flights With Friends 正式上线。
2月	Expedia 加大对移动渠道的投资力度，平板电脑和智能手机是 2013 年预订业务的驱动工具。 Trip Advisor 将大力推广酒店垂直搜索服务。 Electra Partners 以 1.6 亿英镑收购 OAG。 印度的度假内容社区网站 Holiday IQ 完成融资。
3月	TUI Travel 收购旅游和活动预订网站 Isango。 多交通模式搜索 GoEuro 获 400 万美元投资。 BBC 将出售旅游指南 Lonely Planet。 美国初创企业 GetGoing 推"盲订"功能。 Passbook 电子票券应用 PassKit 融资 120 万美元。 Concur 收购移动解决方案提供商 conTgo。 JMG Exploration 收购 Travora 旅游广告平台。 Expedia 完成对 Trivago 的收购。 LV 将推出在线邮轮旅行者社区 Onboard。 TripAdvisor 进入餐厅点评和预订领域。 在线餐厅预订网站 Chope 融资 250 万美元。 NC2 以 5150 万英镑收购 Lonely Planet。 酒店预订网站 PointsHound 获得投资。 目的地体验平台 SideTour 融资 250 万美元。

4月	艺龙与 ArrivalGuides 进行目的地内容合作。 精品酒店预订网站 Stayful 融资 240 万美元。 TripAdvisor 收购旅游私卖网站 Jetsetter。 Amadeus 收购 CRM 服务商 Hitit Loyalty。 HostelWorld 收购竞争对手 HostelBookers。 度假租赁营销企业 Evolve 融资 270 万美元。 目的地旅游网站 GetYourGuide 收购 Gidsy。
5月	TripAdvisor 收购度假租赁网站 Niumba。 会议 APP 开发商 QuickMobile 再获 320 万美元融资。 旅游业资讯网站 Skift 获 110 万美元投资。 美国酒店业加快向"选择服务"的模式转型。 Priceline 完成对 Kayak 的收购。
6月	Priceline 收购 Kayak 将强化其美国业务。 Surf Air 再获 700 万美元融资。 南非媒体巨头拟收购巴士票预订平台 redBus。 BCD Travel 收购 Travelocity 旗下的商旅业务。 欧铁预订网站 Capitaine Train 融资 250 万欧元。 CarTrawler 收购在线租车网站 Holiday Autos。 打包度假产品网 WeAreHolidays 获首轮融资。
7月	俄罗斯创业公司 Travelata 融资 500 万美元。 英国经济连锁酒店 Premier Inn 将发布以众多创新科技应用为主要卖点的子品牌——Hub by Premier。 万豪新 APP 主推移动入住办理功能。 Concur 收购 TMC 差旅解决方案。 Battery Ventures 收购酒店营销服务商 IHS。 万豪推出旅游体验分享工具 Tripographer。

8月	Sol Wave House 酒店充分利用 Twitter，顾客可以通过该工具来向酒店礼宾人员发送服务请求。
雅虎日本收购了 Venture Republic，后者运营着旅游元搜索品牌 Travel.jp 和酒店点评服务网站 Hotel.jp。
俄罗斯的 OTA OneTwoTrip 收购了酒店比价引擎 DealAngel，旨在进一步将其酒店产品提升至新的水平。
日本社交旅游网站 Trippiece 融资 200 万美元。
etYourGuide 成功收购了 P2P 活动平台 iGottaGuide。
9月	香港 last-minute 酒店预订应用开发公司 HotelQuickly 融资 116 万美元，其累计下载量已达 15 万次。
酒店业升级销售技术公司 Nor1 收购目的地旅游分销系统 FlexTrip。
Concur 的完美旅行基金投资移动管理技术公司 Visage Mobile。
澳大利亚打车应用 ingogo 融资 913 000 美元。
Groupon 宣布收购欧洲 last-minute 酒店预订应用 Blink。
俄罗斯在线酒店预订网站 Oktogo 收购了成立 15 年的点评网站 Travel.ru。
Skyscanner 收购了酒店比价和预订网站 Fogg。
Google 为美用户提供本地 Airbnb 搜索结果。
10月	俄罗斯目的地旅游活动公司 Excursiopedia 收购户外旅游企业 RangeUp。
Expedia 旨在针对千禧用户的行为特征和偏好来对平台、数据分析和技术等方面进行升级，以提供个性化的产品和服务。
TripAdvisor 收购了酒店点评网站 Oyster。
欧洲 OTA 巨头 Odigeo 从法国铁路公司手中收购了旅游搜索网站 Liligo。
黑石集团计划出售旗下的廉价酒店连锁品牌 La Quinta。
福特公司将 Hotels.com 的移动应用整合入其汽车语音系统，驾驶员无须手动操作便能在驾驶途中通过语音指令来预订酒店。

11月	印度租车平台 Olacabs 近日获 B 轮投资。 SilverRail 收购波音子公司 Jeppesen 业务。 Travelport 推出 Travelport 商店测试版。 Expedia 希望向"推荐引擎"转型,针对不同客户的需求来推荐相关产品,最终打造出第三代的 OTA 模式。 社交选座服务公司 SeatID 已进军酒店业。 HomeAway 宣布收购新西兰度假租赁网站 Bookabach 55% 的股份。
12月	美国旅游攻略网站 Off Track Planet 融资 50 万美元。 欧洲的 OTA Bravofly 收购了元搜索网站 Jetcost。 Amadeus 宣布,将以 5 亿美元收购针对酒店业提供基于云的团队和会议活动 IT 解决方案的公司 Newmarket International。 俄罗斯在线旅游领域相继发生并购:Excursionpedia 收购 Travelatus,酒店预订网站 Oktogo 收购点评网站 Travel.ru,并将后者作为主打品牌。 加拿大长途旅游服务商 BootsnAll 收购竞争对手旧金山公司 AirTreks。 Amadeus 正式宣布成立旅游创业投资基金。 Booking.com 对 eBuddy 进行人才收购。 澳大利亚 TMC Corporate Travel Management 以 4480 万美元收购了香港 TMC 西敏 75.1% 股份。 Home Away 以 1.98 亿美元收购其位于澳大利亚的竞争对手 Stayz。

(李响 赵亚星 整理)

三、2013年国内旅游企业创业事件

1月	阿里巴巴集团整合旗下旅游业务成立航旅事业部。 世界邦获得雅虎创始人杨致远和腾讯早起投资人王树的数百万元天使投资。 致力于移动社交旅游的下一站完成A轮融资,投资者为戈壁投资。 盼游网获得数百万元的天使投资。 搭伴玩网获得德迅数百万元天使投资。 蚂蚁短租网完成A轮融资并从赶集网正式拆分,投资方为优点资本、红杉、蓝驰。 爱周游网获得雄越控股投资的A轮融资。 Trippal获得中国加速、SOS Ventures的天使投资,投资额为数十万美元。
2月	海航购得西班牙NH酒店集团20%的股权,双方组成合资公司。 同程网获得腾讯、博裕、元禾三家机构5亿元投资。 途家网获得携程、GGV、光速、鼎晖等投资的B轮融资,融资额达到亿元以上。 青芒果旅行网完成有凯旋创投领投的A轮数百万元融资。
3月	在路上网获阿里资本的百万美元A+级别投资。 面包旅行网获得祥峰投资(Vertex)的A轮投资,金额为200万美元。 四季度假网获得德丰杰数百万美元A轮融资。
4月	蚂蜂窝网获得1500万美元B轮融资,本轮投资由启明创投领投,蚂蜂窝A轮融资方今日资本也进行了跟投。 五星汇网获得IDG、鼎晖投资的A轮融资,融资额为数百万美元。 在路上网获得数百万美元的A轮融资,融资方为阿里巴巴。

5月	互助网获得数十万元的天使投资，投资方为苏河汇。
6月	千夜旅游网获得1000万元的A轮融资，融资方为中关村兴业投资。 行者网获得中路资本的数百万元天使投资。 玩途Hitour获得真格基金等数百万元天使投资。
7月	收留我网获得天使湾的数百万元天使投资。 苏宁上线酒店OTA预订业务。 穷游网获得阿里巴巴数千万元的B轮投资。 冰点酒店控网获得红点投资、蓝驰创投的数百万美元投资，融资轮次为B轮。 周五旅游网获得经纬中国的数百万美元投资，融资轮次A轮。
8月	票工厂获得创新工场的数百万元天使投资。
9月	旅行+网获得InnoSpace创智空间的天使投资。 Spottly获得500 Startups的数十万美元天使投资。 途牛旅行网获得淡马锡、DCM等6000万美元投资，融资轮次为D轮。
10月	北京万达旅业投资有限公司并购了湖北新航线国际旅行社有限公司。这是万达集团首次涉足旅行社业务，为万达旗下文化旅游项目输送客源。 世界邦获得复星昆仲资本、ChinaRock的近千万美元投资，融资轮次为A轮。
11月	携程网收购蝉游记网。 面包旅行网获得宽带资本和祥峰投资的B轮投资，金额为近千万美元。 八爪鱼在线旅游网获得嘉御基金、软银中国的1.5亿元投资，融资轮次为A轮。 去哪儿网在美国纳斯达克上市。

| 12月 | 爱旅行网获得BitFund.PE的数百万美元天使投资。
微驴儿网获得戈壁投资500万元天使投资。
万达旅业收购安徽环球国旅。
浙江深大获得2000万元的A轮融资,投资方为浙创投。 |

(李响　赵亚星　整理)

四、北京第二外国语学院酒店管理学院简介

2013年7月，北京第二外国语学院酒店管理学院正式成立。学院前身为旅游管理学院饭店管理系，饭店管理系于1992年成立。学院目前拥有酒店管理专业本科生240多人，学术型研究生20多名，同时还有来自行业的MTA（旅游管理专业硕士）学生。专职教师包括教授2名、副教授2名和讲师4名，全部拥有博士学位。10多名来自政府的官员和行业的企业高管担任兼职教授和研究生导师，国内外30余名教授和行业专家长期为学生做专题讲座。酒店管理专业学科带头人谷慧敏教授是北京市教学名师、国家级星评员，是目前在国际SSCI期刊发表论文最多的大陆学者。

2009年，国家旅游局中国旅游研究院在本学院设立"中国饭店产业研究基地"，这是中国旅游研究院设立的第一个研究基地。研究对象是饭店产业及其衍生新兴产业的投资、运营和管理，主要开设两个研究方向：现代饭店投资与管理、饭店地产及新业态投资与管理。

二外酒店管理学院是我国饭店管理教育机构中最早与国外相关教育机构进行合作的教育机构之一。目前与美国康纳尔大学等全球近二十所酒店与旅游教育机构在高层互访、人才培养、科研协同创新等方面进行长期的、全方位的合作。

三十多年来，酒店管理学院培养的酒店管理专业硕士和本科毕业生一直受到业界好评，毕业生在国内外饭店企业集团就职并表现优异。其中，一些表现突出者已在一些集团进入高管层，体现了毕业生专业方面的优秀素质和业界对我院毕业生的高度认可。

近年来，酒店管理学院教师在国内外顶级期刊上发表了数十篇文章。按照在国外一流刊物发表的文章评价，二外酒店管理学院在国内同类教育研究机构中排名第一。此外还出版了四十多部专著和教材。本专业教师目前承担了一批国家级和省部级项目。近年来本专业教师获得的省部级奖励有北京市哲学社会科学成果奖二等奖、国家旅游局优秀科研成果一等奖等，其他奖项包括《旅游学刊》优秀论文奖、"中国管理学案例论坛暨质性研究"最佳论文奖、全国百

篇优秀管理案例奖等。

酒店管理学院从建系以来一直积极参与高级职业经理人培训项目，为近万名饭店总经理和部门经理提供了新知识和新技能的培训。与此同时，还与首旅集团、港中旅集团、锦江集团、开元集团、华天酒店集团、粤海国际、如家集团、去哪儿网等中国大型旅游与饭店集团及相关企业建立了良好的合作关系。二外与国际著名酒店投资咨询公司华盛国际（HVS）连续9年举办"中国酒店业投资峰会"，参会国内外嘉宾累计超过7000多人。

五、中国旅游创业家协会简介

中国旅游创业家协会（China Tourism Founder Association）于2013年2月26日在北京正式成立。

中国旅游创业家协会（前身为旅游创业家俱乐部）自2012年9月运行以来，举办各类线下活动140多次，覆盖人数10万余人，活动类型包括沙龙、户外活动、培训、研讨会、采风考察、项目对接等，各成员单位对协会的平台价值都很认可，希望协会能健康发展，长久为成员单位提供超值服务。

目前协会已经汇集了三百多家在线旅游优秀创业企业（互联网与移动互联网），三百多家全国优秀地接社（当地接待量排名前3者），500家优质景区，近200家全国媒体，旅游达人超过100名。协会平台已经达到经验分享、资源对接、政府协作、资本导入4项服务，各成员均为各公司创始人、CEO、总经理等。群内成员间已经有多位达成资源对接与业务合作。

中国旅游创业家协会由众多旅游创业企业与机构发起，有志在旅游行业发展的人员自愿参与、自主管理、自我完善，协会是具有社会公益性质的创业互助组织。

协会的理念是：旅游创业加速度，愿景是：中国最具价值的旅游创业服务平台。致力于实现会员创业梦想，搭建资源合作平台，促进社会就业，为中华民族富强贡献力量。

协会的宗旨是：资源对接、行业聚合、创新实践、服务社会。巩固、延伸人脉网络，提升人脉价值，构筑丰富的旅游创业库（智库、资源库、资本库），成为旅游创业者的精神家园和永远的坚实后盾，让创业的梦想变为现实。

协会对创业家的定义是：自主创业，合伙创业，在公司担任中高层职务，积累资源准备以后创业。

协会的任务是：以旅游创业企业发展的核心需求为服务方向，通过协会平台，引进行业先进理念，将在线旅游与传统旅游打通，加快移动互联网、互联网与旅游的融合，推动智慧旅游的落地实践；汇聚旅游创业者的力量，协助旅游创业者匹配行业资源，解决创业中的疑惑提供企业融资指导与服务，提供旅游人才输送；构建旅游创业基地，组织旅游营销培训，承办旅游行业高峰论坛等。

协会通过整合资源，为会员创造各种有价值的服务。

（1）经验分享：分享创业成功经验、失败教训，协助解决创业公司的实际问题。

（2）资源对接：协会将对旅游产业链中各类资源进行吸纳提纯并对接协会成员。

（3）政府协作：协助成员与各地政府旅游局接洽合作。

（4）融资服务：企业融资指导与服务。

（5）其他服务：旅游行业的其他信息服务。

发展方向：可持续健康发展的社会公益平台。

获奖情况：中国旅游创新奖（第11届"中国旅游发展·北京对话"2014年10月11日）。

官方微博：@中国旅游创业家协会

微信二维码：

官网：http：//www.chinatfa.com

公益千人QQ群：34485526（请注明您的身份及需求）

责任编辑：果凤双

图书在版编目(CIP)数据

中国旅游企业创新创业发展报告.2013／秦宇，张德欣，李彬主编.－－北京：旅游教育出版社，2014.12
ISBN 978-7-5637-3086-5

Ⅰ.①中⋯　Ⅱ.①秦⋯ ②张⋯ ③李⋯　Ⅲ.①旅游企业—企业创新—研究报告—中国—2013　Ⅳ.①F592.6

中国版本图书馆 CIP 数据核字(2014)第 304630 号

中国旅游企业创新创业发展报告(2013)

秦宇　张德欣　李彬　主编

出版单位	旅游教育出版社
地　　址	北京市朝阳区定福庄南里 1 号
邮　　编	100024
发行电话	(010)65778403 65728372 65767462(传真)
本社网址	www.tepcb.com
E-mail	tepfx@163.com
印刷单位	北京京华虎彩印刷有限公司
经销单位	新华书店
开　　本	787 毫米×1092 毫米　1/16
印　　张	11.5
字　　数	157 千字
版　　次	2014 年 12 月第 1 版
印　　次	2014 年 12 月第 1 次印刷
定　　价	38.00 元

(图书如有装订差错请与发行部联系)